AF607032

Cuadernos del Acantilado, 131

LAMPEDUSA Y ESPAÑA

GIOACCHINO LANZA TOMASI

LAMPEDUSA Y ESPAÑA

PRÓLOGO DE SALVATORE SILVANO NIGRO

EDICIÓN Y EPÍLOGO DE ALEJANDRO LUQUE,
REVISADA POR NICOLETTA POLO LANZA TOMASI

TRADUCCIÓN DEL ITALIANO DE ANDRÉS BARBA

BARCELONA 2025 ACANTILADO

TÍTULO ORIGINAL *Lampedusa e la Spagna*

Publicado por
ACANTILADO
Quaderns Crema, S. A.

Muntaner, 462 - 08006 Barcelona
Tel. 934 144 906
correo@acantilado.es
www.acantilado.es

Este libro ha sido traducido gracias a una subvención del Ministerio de Asuntos Exteriores y de la Cooperación Internacional italiano

Questo libro è stato tradotto grazie a un contributo del Ministero degli Affari Esteri e della Cooperazione Internazionale italiano

ISBN: 978-84-19958-89-1
DEPÓSITO LEGAL: B. 17 488-2025

AIGUADEVIDRE *Gráfica*
QUADERNS CREMA *Composición*
ROMANYÀ-VALLS *Impresión y encuadernación*

PRIMERA EDICIÓN *octubre de 2025*

CONTENIDO

PRÓLOGO

UNOS PELDAÑOS PARA ENTRAR EN ESTE LIBRO

de SALVATORE SILVANO NIGRO

Gioacchino Lanza Tomasi fue un gran experto en genealogías familiares y literarias que, combinadas con habilidad narrativa, le proporcionaban historias (paralelas) de distraída elegancia y gracia ligera; genealogías biográficas y autobiográficas a partes iguales, situadas entre acontecimientos históricos, rituales de la «alta sociedad internacional» con sus «peripecias de malicia histórico-cultural», y «vidas» de palacios nobiliarios y ricas bibliotecas privadas. Un buen ejemplo de ellas es este escueto y fascinante relato crítico, *Lampedusa y España*. Llamarlo *memoir* sería subestimarlo. Es el retrato íntimo de Palermo en los años de Giuseppe Tomasi di Lampedusa, pero también el relato de formación de un joven que acabará mirándose en el espejo de las páginas escritas por su padre adoptivo, Giuseppe Tomasi, para medirse con sus dobles literarios creados por el autor de *El Gatopardo*. «En cierto sentido», por algunas cualidades particulares (entre las que se encuentran la generosidad y la curiosidad intelectual), Gioacchino es el «modelo» de Paolo Corbera di Salina en el relato *La sirena*, y por varias pistas biográficas (el servicio militar en Augusta, la inscripción en la Facultad de Derecho, la vida despreocupada en Turín, la aspiración periodística, la añoranza por la casa de Palermo destruida por los *Liberators*), es un evidente doble del propio Tomasi en su juventud: como si hubieran confluido los afectos paternos y los sentimientos filiales. Añádase que también Tancredi, en *El Gatopardo*, está inspirado en parte en el carácter virtuosamente intrépido de Gioacchino, su «Gioitto». En cuanto al resto, el futuro padre adoptivo y el hijo adoptado, en cierto momento, más que confundir sus roles, se volverán sugestivamente complementarios. El Tomasi di Lampedusa que había acogido en su casa a un grupo de más que prometedores jóvenes, entre los que se encontraban Gioacchino y Francesco Orlando, y para los que había preparado cursos libres de literatura extranjera, no dudó en pedir en 1955 al joven alumno que le diera clases de español y le ayudara a leer los clásicos de la literatura ibérica: «Tenía a mi disposición—escribe Gioacchino—la biblioteca que mi madre—María Concepción Ramírez de Villa Urrutia y Camacho—había heredado de su hermano Fernando (a quien todos llamábamos Paco), como su padre diplomático y apasionado bibliófilo». Tomasi había leído por su cuenta *El Quijote* en traducción. Apreciaba su técnica digresiva («esa digresión del punto de apoyo narrativo sin la cual el tema principal resultaría opresivo, mientras que a través de la digresión el escritor logra hacer impactante su retorno»). El alumno, que ya entonces era versado en música, ilustró al maestro sobre el equivalente musical de esa invención narrativa (destinada a cambiar la historia de la novela europea): «Le expliqué que en música la construcción de la fuga se articula precisamente en la relación entre la sección libre del divertimento y la reexposición en contrapunto obligado del tema y el contratema. Me quería mucho y me lo agradeció». Desde entonces, profesor y alumno entraron en sintonía para luego reconocerse en la común propensión a ese *wicked humor* ampliamente ejemplificado en el ingenio anécdotico de la prosa de *Lampedusa y España*. Este compañerismo permitió a Gioacchino adentrarse en ciertas sutilezas de la prosa lampedusiana descuidadas por los críticos. Tal era el caso de la «crítica del comportamiento», que en Tomasi era «primordial en comparación con otros defectos más importantes». Gioacchino recordaba el juicio expresado por Tomasi di Lampedusa sobre Malaparte: el de que «era [...] un *demi-monde*, un advenedizo del régimen que deambulaba por el salón con un sombrero de plumas». Y, basándose en esa anécdota, tuvo ocasión de reconocer y resaltar «ese toque estrafalario que, en *El Gatopardo*, cree ver al principio el príncipe de Salina en el alabado Pallavicino durante el baile en casa de Ponteleone». Para apoyar su lectura, recuerda el fragmento en cuestión:

Don Fabrizio conversaba con Pallavicino y se daba cuenta de que, al margen de las frases almibaradas que reservaba quizá para las damas, éste no tenía un pelo de tonto; también era un «señor», y el natural escepticismo de su clase, sofocado habitualmente por las llamaradas que surgían de su glorioso uniforme, volvía a asomar cada vez que se encontraba en un ambiente similar al suyo, lejos de la inevitable retórica de los cuarteles y las admiradoras.[1]

[1] Giuseppe Tomasi di Lampedusa, *El Gatopardo*, prefacio de Gioacchino Lanza Tomasi, postfacio de Carlo Fel-

Las bibliotecas, por otro lado: las antiguas, que pasan de una generación a otra; las que están abiertas al préstamo, para satisfacer el deseo de lectura de parientes más o menos cercanos; las nuevas, construidas día a día, libro a libro, como fue el caso de Giuseppe Tomasi di Lampedusa. El autor de *El Gatopardo* era pobre. Compraba muchos, muchísimos libros, a pesar de las reprimendas de su mujer. A ella le contaba que el librero Flaccovio, de la via Ruggero Settimo de Palermo, le hacía grandes descuentos. Eran clásicos de todo el mundo, antiguos y modernos, en italiano y en sus lenguas originales; y también contemporáneos. Además de a Proust y a Joyce, leía a Moravia y a Elsa Morante; y las *Cartas desde la cárcel* de Antonio Gramsci. No se perdía los libros de historia y de historia del arte. Estaba siempre al día y anotaba sus lecturas en sus diarios, que compartía con un grupo selecto de alumnos a los que también leía su novela aún inédita. En palabras de Lanza Tomasi: «Una valiosa fuente de interpretación es la biblioteca del escritor—entendiendo por su biblioteca la par-

---

trinelli, trad. Ricardo Pochtar, Barcelona, Anagrama, 2019, edición digital.

te compuesta por los libros que él mismo compró y leyó—. Consta de unos cuatro mil volúmenes, divididos a partes iguales entre libros de historia y obras literarias, con pequeños espacios dedicados a la historia del arte y a la literatura de no ficción. Giuseppe Tomasi coleccionaba sensaciones, experiencias, no documentos ni citas. Pero este desinterés por la rigurosidad científica de los textos se compensaba con una profunda atención a su contenido estilístico y a su poder evocador. Un texto merecía su atención si era capaz, ante todo, de comunicar ejemplaridad. Y la prodigiosa memoria que tenía de innumerables páginas escritas se apoyaba en esta galería personal de ejemplos valiosos».

El fragmento es más importante de lo que parece a primera vista. Sirve para corregir las «sospechas», las noticias falsas, los prejuicios suscitados tras la inmediata publicación de *El Gatopardo* (1958), que fue acogido como un cuerpo extraño: una obra, fuera del tiempo, de un autor oscuro, tan desconocido que justificaba cualquier suposición. Cayeron en la trampa hasta lectores de gran ingenio y probada infalibilidad, y a su vez lo transmitieron a críticos más superficiales, distraídos por una mirada escasamente ideológica y desprovistos de la elegante y maliciosa argumentación de un experto asesor editorial como fue el inolvidable Roberto Bazlen.

El 7 de mayo de 1959, Bazlen envió a Sergio Solmi un informe de lectura de *El Gatopardo* en el que decía:

La sospecha hacia *El Gatopardo* está muy justificada. Aun así, no entra en la categoría de obras que son todo papilla bajo la fachada y por cuyo entusiasmo se revelan los abismos de inconsistencia de nuestros mejores amigos (*El ladrón de bicicletas*, *Cristo se detuvo en Éboli*, *El doctor Zhivago*, y hasta me estremezco cuando pienso en la publicación de la correspondencia de Saba): es el libro de un provinciano culto, con una verdadera cultura (muy pasada) en la sangre; un autor responsable, íntimamente cuidadoso, bastante agradable, y lo que en Italia es muy importante, rico (materialmente). Como construcción es apresurada, casi un retablo con espacios desiguales y muy disonantes entre cuadro y cuadro. Se siente la necesidad de sacar, urgentemente, lo menos malo, el mayor número de cosas posibles antes de morir. No es gran cosa, pero su peor página vale más que todos los *gettoni*. En resumen, un buen *technicolor* sobre y para gente de bien.

Aparte del desliz sobre la equivalencia entre nobleza y riqueza (Lampedusa fue todo menos rico), el sutil discurso de Bazlen era lo máximo que la sociedad literaria de la época estaba dispuesta a reconocer a *El Gatopardo*, entre otras cosas, utilizado como arma contra la política editorial de la colección einaudiana «I gettoni», dirigida por Vittorini (que se negó a incluir la novela de Lampedusa en su colección) y contra la permanencia del neorrealismo. Tomasi fue considerado un escritor culturalmente retrógrado y provinciano, autor de una novela «apresurada» y con capítulos «disonantes», y sin embargo «agradablemente» superior a la mediocridad imperante. Le tocó a Gioacchino revelar la consistencia, la sabia calidad y la continua actualización de la biblioteca de Tomasi di Lampedusa, puesta al servicio de una cultivada «avidez por la lectura» y de la necesidad de sentirse partícipe de lo que el siglo y el horizonte europeo ponían a su disposición. Contó una vez que Tomasi, en 1953, le arrebató de las manos a su madre, María Concepción Ramírez de Villa Urrutia y Camacho, una copia en francés de *Memorias de Adriano*, la novela de Marguerite Yourcenar, que aún no circulaba en Italia. Se apropió del libro. Lo leyó y releyó. Años después, en 1980, Marguerite Yourcenar leyó con pasión la traducción inglesa de *El Gatopardo* y los cuentos de Lampedusa y comentó: «*Oui, je me sens sur bien de points de la famille de Lampedusa*» ['Sí, en muchos aspectos me siento parte de la estirpe Lampedusa']. Gioacchino, con la ayuda de su esposa, Nicoletta Polo, también se encargó de reconstruir filológicamente, en su totalidad, las obras de Tomasi y de enriquecerlas con su correspondencia inédita. De ese modo propició la relectura crítica de *El Gatopardo*, apoyada en las autorizadas aportaciones de Vargas Llosa, Marías y Edward W. Said, entre otros muchos. Retomando la hermosa dedicatoria de Ruggero Cappuccio en la novela *La princesa de Lampedusa*, se puede decir que Gioacchino Lanza Tomasi protegió «el tejado», y su padre adoptivo, Tomasi di Lampedusa, «los cimientos».

LAMPEDUSA Y ESPAÑA

A principios de la década de 1950, Palermo se recuperaba de la catástrofe de la guerra. El setenta por ciento del centro histórico estaba en ruinas por los acontecimientos bélicos. La nueva ciudad de Palermo comenzaba a expandirse para acoger al medio millón de habitantes del interior de la isla que confluyeron durante el transcurso de una década tras la fundación de la Región de Sicilia. La postguerra había sido testigo de fuertes tensiones sociales, que culminaron en dos revueltas contra la carestía. Hubo treinta muertos en los disturbios de 1944 y dos en los de 1946.

En este contexto regresaron a Palermo tanto Giuseppe Tomasi di Lampedusa como mi padre, Fabrizio Lanza di Assaro.

Ambos habían nacido en 1896, eran primos segundos por parte de Tasca Filangeri di Cutò, y ambos habían participado en las dos guerras mundiales.

Esas experiencias les habían llevado a la certeza, común a muchos italianos de su generación, no sólo de que la guerra es algo sucio, sino además de que, cuando se pierde, es también una catástrofe de dimensiones inconmensurables.

Durante la Gran Guerra, mi padre alcanzó el grado de capitán de caballería, un cuerpo tradicionalmente reservado a la nobleza, y fue asignado al barrio romano de Quadraro, mientras que Giuseppe, con menos suerte, fue movilizado como subteniente de artillería en Caporetto. Fue hecho prisionero por soldados bosnios y confinado en el campo de Szombathely, del cual, tras un intento fallido de fuga, fue liberado tras la disolución del ejército austrohúngaro. Regresó a la Italia ocupada con los desbandados, recorriendo un largo camino a pie, y cuando llegó a Palermo tenía un aspecto tan lamentable que sólo el perro de la familia pareció reconocerlo al sacudir la cola.

Se reincorporó al ejército en diciembre de 1939 en Poggioreale, donde permaneció tres meses en un lugar que describió lacónicamente como «un tugurio».

Los dos aristócratas regresaban con distintas ambiciones y perspectivas.

Mi padre volvía a Sicilia tras un largo período dorado en el continente. Los sicilianos seguían dividiendo el mundo entre Sicilia y el continente. Así era, de hecho, como estaba escrito en las dos ranuras de los buzones reales de Palermo: Sicilia o Continente, y el Continente era el resto del mundo, incluida Italia.

El objetivo de mi padre no era otro que defender sus propiedades rurales y reconstruir el palacio familiar, el Palazzo Barresi-Branciforte-Lanza di Trabia-Lanza di Scalea-Lanza di Mazzarino —como se llamaba mi abuelo—, que se había cerrado en 1908. Ese año había muerto mi bisabuela y la familia pensó que había llegado el momento de abandonar la vida provinciana de Palermo.

En realidad, el Palazzo Mazzarino sólo había sufrido algunos daños por los bombardeos, pero seguía en pie, majestuoso y más grande que el resto de los edificios del casco antiguo.

Giuseppe Tomasi di Lampedusa, en cambio, regresó para sobrevivir. La vida que le había ofrecido tan buenas expectativas en su juventud se había visto marcada por un constante declive financiero, y en los primeros años de la guerra estuvo al borde de la indigencia, hasta el punto de no tener agua corriente en casa, ya que los viejos desagües del palacio estaban obstruidos.

Su palacio sufrió graves daños en una devastadora explosión cuando, el 22 de marzo de 1943, un barco cargado con municiones en el puerto de Palermo fue atacado por los Spitfire británicos y acabó destruido durante dos bombardeos en masa de las superfortalezas voladoras estadounidenses, el 5 de abril y el 9 de mayo, que precedieron al desembarco aliado en Sicilia. Fueron los años más negros de su vida. Casi sin recursos, se alojaba en un pequeño apartamento de la plaza Castelnuovo, cerca del teatro Politeama, y deambulaba a menudo por las ruinas del palacio familiar. Por la correspondencia con su mujer, parece que había habilitado un pequeño oratorio en la via Bara, adyacente al palacio y también destrozado por las bombas, y lo utilizaba como base para intentar recuperar los enseres atrapados entre los escombros. A partir de 1946, su madre también regresó a Palermo y vivió los últimos meses de su vida en el pequeño apartamento del portero del destruido Palazzo Lampedusa.

Pero a este estado de pobreza personal se suma la vitalidad típica de cualquier postguerra. Lampedusa está personalmente derrotado, pero al mismo tiempo vive una segunda juventud. Aunque la capital cultural de Sicilia es Catania—Messina es la ciudad comercial por excelencia, Trapani la de los artesanos y Palermo la sede de la nobleza—, no faltan estímulos a su alrededor. Su curiosidad se expande; se inscribe en el cineclub de Palermo donde se proyectan las películas que había censurado el fascismo, desde Fritz Lang o Jean Renoir hasta los hermanos Marx; lee a Gramsci, la narrativa italiana de la postguerra, aunque, salvo Moravia y Morante, y—para gran sorpresa de su esposa—Brancati, no sentirá gran predilección por ella.

A partir de la década de 1930, Giuseppe elabora un inventario de los libros que compra y lee. Se detiene en la Segunda Guerra Mundial y no contiene ningún texto de literatura española. Se trata sobre todo de obras francesas e inglesas, con cierta atención a la literatura italiana contemporánea. Como ya he comentado, admiraba a Moravia; le gustaba *Mentira y sortilegio* de Morante hasta el punto de pensar que era la mejor escritora italiana del momento; había leído a Papini, a quien reservaba un juicio contrario, pero también a Longanesi y algunos libros de Malaparte. De este último recuerdo una de sus observaciones clasistas, no en el sentido marxista, sino en el contexto de la antigua clase dirigente con respecto a la nueva.

Lampedusa había visitado un par de veces a Pirandello en Londres y decía que el escritor se había confiado a él de siciliano a siciliano. «Es el hombre más inteligente que he conocido», pensó entonces. El autor de *Seis personajes en busca de autor* se encontraba en la capital inglesa buscando fortuna en la industria cinematográfica, convencido de que le podía reportar muchos más beneficios que el teatro. Los financiadores del régimen ascendidos al rango de condes durante la década de 1930 irritaban a Pirandello, y Lampedusa añadía que la presunta desenvoltura mundana de Malaparte no debía confundirse con *le monde*, término con el que la aristocracia designaba su ámbito territorial. Malaparte, incluso en *La peau* (Lampedusa leyó el libro en francés), era más bien un *démi-monde*, un advenedizo del régimen que deambulaba por un salón con un sombrero de plumas.

A tantos años de distancia, me parece ver en el encuentro con Pirandello el precursor de la frase de La Ciura, el protagonista del relato *La sirena*. El viejo senador jubilado le dice al joven

Paolo Corbera de Salina, para el que Lampedusa me tomó en cierto sentido como modelo: «Tengo mucha consideración por las familias antiguas. Poseen una memoria, minúscula, es cierto, pero en cualquier caso mayor que la de los demás». Para concluir, pensando en un hipotético encuentro entre el joven Corbera y los principales clasicistas europeos: «Aunque de la realidad griega tú eres quizá más consciente que ellos. No por cultura, claro, sino por instinto animal». Y en su observación sobre Malaparte me parece vislumbrar ese toque estrafalario que, en *El Gatopardo*, cree ver al principio el príncipe de Salina en el alabado Pallavicino durante el baile celebrado en casa de Ponteleone:

Don Fabrizio conversaba con Pallavicino y se daba cuenta de que, al margen de las frases almibaradas que reservaba quizá para las damas, éste no tenía un pelo de tonto; también era un «señor», y el natural escepticismo de su clase, sofocado habitualmente por las llamaradas que surgían de su glorioso uniforme, volvía a asomar cada vez que se encontraba en un ambiente similar al suyo, lejos de la inevitable retórica de los cuarteles y las admiradoras.[1]

[1] G.T. di Lampedusa, *El Gatopardo*, *op. cit.*

En general, la crítica del comportamiento era en Lampedusa primordial en comparación con otros defectos más importantes. También «el hombre nuevo como debe ser; pero es una lástima que tenga que ser así»,[1] la frase con la que don Ciccio Tumeo describe a Calogero Sedara, es para Lampedusa más bien un lamento de la incapacidad congénita de Sedara para llevar un frac o de su reticencia a disfrutar del mundo exterior fuera de las referencias patrimoniales en las que en aquel momento se agotaba el potencial gnoseológico de un *nouveau riche* sin escrúpulos. El Palazzo Ponteleone no suscita en don Calogero ningún placer estético, sino tan sólo una estimación somera de las «salmas» de tierra cultivable necesarias para sufragar los dorados del salón de baile. «¡Magnífico, príncipe, magnífico! Ahora ya no se hacen cosas como éstas. ¡Con lo que vale el oro coronario!».[2]

Las generaciones que crecieron en la lucha de clases que estalló en cada postguerra no podían comprender el antagonismo si no era en términos morales de redistribución de la riqueza y soportaban mal el apólogo de la indiferencia, la

[1] *Ibid.* [2] *Ibid.*

nonchalance con la que los polos de tensión se disolvían en el placer estético y, más aún, en la compasión general por el destino mortal. Aun así, la dinámica de los comportamientos es un recurso histórico constante de nuestra experiencia y, por contraste, aparece cada vez que el juicio ético se vuelve justiciero, casi la evasión necesaria para evitar las opresiones que, en nombre de la justicia, salpican la historia de la humanidad.

En esta reanudación de la vida a través de los modelos propuestos por la literatura y la reflexión sobre la cultura de la postguerra, toma consistencia el encuentro de Lampedusa con España. La antología Guanda de poetas españoles, en edición bilingüe a cargo de Oreste Macrì con traducciones enfrentadas, le abre un mundo desconocido, y Lampedusa se adhiere a la pasión por Federico García Lorca, también una obligación cultural de la época.

Desde Antonio Machado y Juan Ramón Jiménez hasta Vicente Aleixandre, que sería Premio Nobel, Rafael Alberti o Jorge Guillén, esa poesía se mezclaba con el culto a la resistencia, tema en el que el Lampedusa que salió de la derrota («los italianos vivían en la ilusión de la gloria y se despertaron con el país en ruinas y una paliza muy tangible», parafraseo una de sus muchas frases, que se me ha quedado especialmente grabada) revivía su eterna propensión stendhaliana por una renovación revolucionaria de la sociedad, una propensión quizá más literaria y estética que política, pero que le llevó a amar la épica de los nuevos tiempos, desde *Caballería roja*, de Isaak Babel, hasta la himnografía de Maiakovski.

La literatura rusa que había leído era sobre todo en francés, en versiones toscas y repletas de faltas, guiadas por un espíritu volteriano al que le resultaba incomprensible el alma eslava, hasta que empezó a comprar con avidez las traducciones *celestitas* de Einaudi de Lo Gatto, que saldrían precisamente en esos años. El culto al héroe democrático estaba arraigado en sus afectos, y esa trasposición visionaria del estilo de las *Vidas* de Plutarco en la metamorfosis novecentista le resultaba cercana, por lo que el Cristo obrero de Maiakovski e Ignacio Sánchez Mejías le parecieron hermanos. El futuro escritor se siente atraído por la democracia visionaria, que va desde los tiranicidios de Atenas hasta el *Sturm und Drang* de Schiller, Goethe y Beethoven. Y mucho mejor si la modernidad, el montaje epifánico de esos textos, permite una renovación de su comunicación fuera del viejo esquema ilustrado-bonapartista.

Gran ausente en este repaso es Bertolt Brecht, tanto porque su fortuna en Italia coincide con los años creativos, entre 1955 y 1957, en los que Lampedusa relee, asimila y escribe, como porque la lengua alemana, aunque en su día le había sido muy querida, tuvo que cargar con recuerdos desagradables antes de restablecer su conexión perdida.

Tanto mi padre como Lampedusa no perdonaban a los alemanes haber sido la causa principal de los diez años de vida transcurridos bajo las armas. Como caballeros, no lo consideraban tanto una cuestión ideológica como, sobre todo, un comportamiento intolerable que se había manifestado con rasgos de vulgaridad o, como decían ellos, de mala educación, un término que tenía el mismo sentido que *salonfähig*, palabra clave del alemán de la época de Goethe hablado por los bálticos. Y la mala educación para ellos era un delito superior a los crímenes más graves, incluidos los del nazismo. En el mundo de los señores, las formas y las apariencias son más graves que el fondo.

En ese sentido, me viene a la mente el capítulo de *El Gatopardo* en el que Ciccio Tumeo, tras reflexionar sobre las virtudes de Angelica ante don Fabrizio, se entera de las intenciones de Tancredi de casarse con la muchacha:

¡Eso, excelencia, es indecente! Un sobrino, casi un hijo suyo, no debería casarse con la hija de quienes son sus enemigos, de quienes le han puesto mil zancadillas. Tratar de seducirla, como pensaba yo, era un acto de conquista; esto, en cambio, es una rendición incondicional. ¡Es el fin de los Falconeri, y también de los Salina![1]

El Lampedusa al que conocimos los jóvenes, y que a partir de 1953 ejerció su hechizo sobre nosotros más que ningún otro maestro, era, por tanto, un hombre capaz de dialogar precisamente porque vivía con madura experiencia, quizá mejor que nosotros, la exaltante desmesura de la postguerra. Él era una planta sometida a una poda drástica y nosotros, nuevos esquejes. El *Zeitgeist* había producido en

[1] G.T. di Lampedusa, *El Gatopardo*, *op. cit.*

él una impredecible conversión en hombre de acción; en nosotros, la habitual explosión vitalista que acompaña a la emancipación en la adolescencia.

Yo había visto a Lampedusa de vez en cuando en los años anteriores, entre 1948 y 1952. Mis padres habían restaurado el Palazzo Mazzarino y recibían visitas con frecuencia. Las veladas se podían dividir en cenas, a las que asistían los íntimos, reunidos en torno a los amigos continentales, a menudo extranjeros, que se alojaban en el palacio, y grandes cócteles, a los que se invitaba a los amigos en sentido más amplio. En 1950 cumplí dieciséis años, edad a la que mi padre consideró que podía participar en las fiestas en el palacio. Esas *réjouissances* ampliadas eran, por decirlo así, inevitables, una obligación a la que no se podía escapar un par de veces al año. Al redactar la lista de invitados, los puntos conflictivos los constituían la presencia de personas enemistadas entre sí o cuya presencia se consideraba más un deber que un placer, y a las que se invitaba bajo la denominación de «perros y puercos». Mi madre lo transformaba en aquel «todos caballeros» de Carlos V para homologar a todos los invitados, propios y ajenos.

Mi madre, María Concepción (Conchita) Ramírez de Villa Urrutia y Camacho, había nacido en la Constantinopla otomana, donde mi abuelo era embajador, y se había educado en Inglaterra, en una escuela de monjas irlandesas, por lo que había hecho del inglés su lengua natural. El español se le había olvidado con el tiempo, y al final de su vida sólo lo practicaba con su amiga Mercedes Ruspoli, esposa de un jugador de bridge profesional, llamado Pignatelli, que probaba suerte todas las tardes en Villa Igiea. Aun así, en uno de nuestros viajes a España compró un disco de la banda sonora de la película *Morena Clara*, interpretada por el Niño de Talavera y la guitarra de Manolo de Badajoz, que nos gustaba escuchar de vez en cuando, con un estribillo no precisamente feminista:

Gitana, que tú serás
como la falsa monea,
que de mano en mano va,
y ninguno se la quea…
Que de mano en mano va,
y ninguno se la quea.

Su padre, Wenceslao Ramírez, marqués de Villa Urrutia, había sido embajador de España en el Quirinale a principios de la década de 1920. Nacido en La Habana, entonces española, historiador y ministro de Asuntos Exteriores de Alfonso XIII en 1905, tenía comportamientos y rasgos culturales similares a Tomasi di Lampedusa. Su perfil, incluido en el *Diccionario de Historia de España* de Germán Bleiberg (1979), afirma que su personalidad de historiador se distinguía por «el ingenioso anecdotismo y por la mordaz expresión», un rasgo que por lo general sólo se aprecia cuando se habla de otros.

Entre la producción literaria que dejó el marqués de Villa Urrutia, tengo en mi poder el singular documento *Una embajada a Marruecos en 1882*, crónica de apenas medio centenar de páginas en la que lamenta los excesos gastronómicos a los que están sometidos los diplomáticos extranjeros en el país del Sultán, da testimonio asombrado de un mercado de esclavas nigerianas y constata el declive del imperio marroquí, un tablero de ajedrez ante el cual España no tardará en mover sus piezas. De hecho, su marquesado será, en cierto modo, un premio de la corona por su contribución a la fundación del Marruecos español.

María Concepción Ramírez de Villa Urrutia y Camacho (Conchita), madre de Gioacchino Lanza Tomasi.

Wenceslao Ramírez, marqués de Villa Urrutia, abuelo de Gioacchino Lanza Tomasi.

Mi abuelo también era célebre por su buen apetito. Terminaba su trabajo como director de la Sección Histórica de la Academia Española a la una y media, y a las dos almorzaba en su restaurante habitual con sus colaboradores. Masticaba muy despacio y hablaba sin parar, por lo que las comidas resultaban interminables. Se cuenta que una de esas reuniones se prolongó hasta las cinco y media de la tarde, y cuando mi abuelo preguntó al camarero qué podían comer a continuación, este respondió: «¿La mesa, señor?».

Los chismes y anécdotas ingeniosas eran el pan de cada día en las conversaciones del Circolo Bellini, el club aristocrático de Palermo. Lampedusa hace una jugosa descripción de ello en *Los gatitos ciegos*, primer capítulo de una segunda novela inacabada y su último escrito publicado en *Relatos*.

La decena de socios que estaban en el Círculo se habían instalado en la terraza, que domina un apacible patio y estaba a la sombra de un árbol alto que derramaba una lluvia de pétalos de lilas sobre aquellos señores en su mayoría ancianos. Camareros de rojo y azul iban y venían con helados y bebidas. Desde el fondo de un sillón de mimbre llegaba, siempre colérica, la voz de santa Giulia. «Pero bueno, ¿se puede saber cuántas tierras tiene realmente este bendito Ibba?».[1]

En la década de 1930, cuando la disminución de los ingresos ya no le permitía el largo viaje de verano (un mes en Inglaterra y luego el regreso vía París y Suiza hasta encontrarse con su madre en el Tirol del Sur), Lampedusa había vuelto definitivamente a Palermo y frecuentaba el Bellini con asiduidad. Alfonso XIII, exiliado, vivió alrededor de un mes en Palermo, y Lampedusa me contó que el caballero al servicio del rey le dijo un día: «No se sorprenda si Su Majestad empieza a tutearle a partir de ahora. Ha descubierto que tiene usted derecho a la grandeza de España». Pero no me lo dijo a mí, y yo me enteré por otros bellinianos de que el rey Alfonso guardaba cierto rencor a mi abuelo.

Respecto a su antiguo ministro de Exteriores, habría dicho que era un literato e historiador de

[1] Giuseppe Tomasi di Lampedusa, *Relatos*, trad. Ricardo Pochtar, Barcelona, Anagrama, 2020, edición digital.

excepcional ingenio, pero la «mordaz expresión» fue comentada con un «de acuerdo, escribió que mi abuela era una dama galante, pero ¿qué se debería decir de su mujer?». El rey se refería al ensayo de mi abuelo *La reina gobernadora*, un libro lleno de anécdotas sobre la alcoba real, y comentaba la separación de hecho entre los cónyuges Villa Urrutia.

En el libro mencionado, cuyo prólogo corrió a cargo de su buen amigo el conde de Romanones, mi abuelo hizo a un lado su conocida malevolencia y mordacidad para demostrar que María Cristina de Borbón y Borbón se había convertido en la amante del sargento de la guardia de corps Agustín Fernando Muñoz hasta tres meses después de la muerte de Fernando VII, y no antes, lo que seguía siendo objeto de controversias en los círculos españoles un siglo después.

A este rey había dedicado dos libros: *Fernando VII, rey constitucional* y *Fernando VII, rey absoluto*. En la introducción a este último, concluye la historia de «ese monarca de naturaleza ingrata y viciosa», y advierte: «a través de ella aprenderás, amigo lector, lo que fue hace un siglo, y hasta hace unos años, el león español, rugiente y parecido a esas pobres bestias de circo,

Conchita.

aburridas y maltratadas, que a veces sienten nostalgia y anhelan libertad y grandeza, y se comen al domador para abrir el apetito». Pero luego escribió un tercer libro sobre el mismo personaje, *Las mujeres de Fernando VII*, en el que revela algunas de las intimidades del marido, reincidente en cuatro ocasiones.

Las historias picantes sobre los reyes eran una fuente inagotable de diversión. A Lampedusa le gustaba mucho una *boutade*: recordaba que la esposa de Carlos IV, María Luisa, era la amante de Godoy, lo que no impidió que el monarca sintiera un sincero afecto por el político. En cierta ocasión comentó: «Los que somos de sangre real tenemos una ventaja sobre los demás: nuestras esposas no pueden traicionarnos con hombres superiores a nosotros». A lo que su padre, Carlos III, respondió: «Carlos, Carlos, pero qué bobo eres, hijo mío».

Mi abuela Anita Camacho, una famosa belleza, pasó gran parte de su vida en Biarritz, donde frecuentaba un ambiente artístico que en la segunda década del siglo incluyó también a Pablo Picasso, de quien fue buena amiga. En 1910, el genio de Málaga, siempre sensible al encanto femenino, realizó un enorme retrato de la joven Conchita. La abuela dijo que no estaba dispuesta a comprarlo porque no encontraba un gran parecido, y al cabo de un tiempo el cuadro acabó en manos de un rico coleccionista estadounidense. Por otro lado, todavía tenemos un par de retratos suyos de Picasso, un boceto dibujado también en el reverso y otro terminado, en recuerdo de esa verdadera amistad.

Las peripecias impregnadas de malicia histórico-cultural eran habituales en la alta sociedad internacional, y también el «todos caballeros» formaba parte de esos juegos de destreza intelectual. Carlos V pronunció la fatídica frase en Alguer y no se refería a todos, sino a los tres nobles sardo-catalanes que habían participado en la expedición de Túnez.

En boca de mi madre, la palabra *real* podría entenderse como una cita con malicia subyacente. Las grandes aristocracias del sur de Italia, y la siciliana en particular, se consideraban generalmente superiores a cualquiera en ausencia de una corte residente que por sus atributos de *fons honorum* habría tenido la titularidad para establecer precedencias y supremacías. Y de ahí se derivaba ese jugoso anecdotario del círculo de nobles que «en el observador externo» no dejaba de provocar alguna que otra sonrisa.

La alusión a la campaña de Túnez resultó estar cargada de dones proféticos. También don Cesare Lanza, segundo barón de Trabia y hombre ilustre de nuestra familia, había participado en la expedición de Túnez, con resultados relevantes en cuanto a su promoción personal. En la década de 1960, cuando el archivo Lanza di Trabia fue depositado en el Archivo Estatal de Palermo, se descubrió que don Cesare había aprovechado sus méritos en la campaña de África para apoyar la solicitud de perdón y reintegración en sus feudos. Había sido condenado al exilio y a la confiscación de sus bienes por el asesinato de su hija Laura, a la que había pasado por la espada en el castillo de Carini junto con su amante, el barón Vernagallo.

La balada de la baronesa de Carini sigue siendo el documento más querido y difundido de la poesía popular en dialecto siciliano, y en esto aún existe una afinidad con los Tomasi di Lampedusa. Las baladas sobre el «duque santo» Giulio Tomasi sólo fueron superadas en popularidad por las de la infeliz baronesa. Estas conexiones

Wenceslao Ramírez (sentado) en la embajada de España. París, 1914.

ocultas no me eran conocidas entonces, aunque nuestras familias habían entrado a la fuerza en la imaginación popular gracias a sus excesos, tanto para bien como para mal.

Giuseppe Lampedusa y su esposa Alessandra se contaban entre los invitados de mis padres en calidad de parientes, más que de íntimos, y mis primeros encuentros con ellos se remontan a esas *réjouissances* ampliadas a las que, como ya he dicho, fui admitido a los dieciséis. Dos años más tarde empecé a frecuentar el salón de Pietro Sgadari di Lo Monaco, el crítico musical del *Giornale di Sicilia*, musicólogo y amante del arte en general, y allí me encontré a menudo con el matrimonio Lampedusa, él taciturno, astuto y muy culto, ella, la baronesa Alessandra Wolff von Stomersee, imperiosa y autoritaria.

Psicoanalista en ejercicio, la baronesa tal vez lamentaba no haber podido someter a terapia a su marido, pero dirigía su vida con astucia, y fue sin duda determinante para inducirle a cuidar de los jóvenes talentos a los que conoció en la casa de Sgadari.

Así fue como a Francesco Orlando, tiempo después profesor de Historia y Técnica de la Novela en la Escuela Normal de Pisa, le ofreció un curso de lengua y literatura inglesas, seguido de otro de lengua francesa; a mí, una amistad basada en afinidades personales y familiares, y a otros pocos, el asombro ante una conversación sugerente y sumamente animada que veía en los modelos literarios la vía maestra para conducirlos a una inserción en la vida que se abría ante nosotros, una inserción seguramente más afortunada que la suya.

Los intereses literarios del joven Francesco Orlando le llevaron a escribir un texto titulado *Don Giovanni scrupoloso*, y en sus primeras reuniones quiso someterlo al juicio de Giuseppe, quien le devolvió el manuscrito con el préstamo adicional del *Don Juan Tenorio* de Zorrilla, asegurándole que para un italiano no suponía una dificultad no saber español.

Orlando también fue amigo íntimo de un gran hispanista de origen palermitano, Carmelo Samonà, hombre inteligente y muy simpático, autor de interesantes estudios sobre el siglo XV español y en su época traductor al italiano de *La Celestina* y *El nacimiento de Cristo*, de Lope de Vega. Escribió un novela metafísica de inspiración intensamente autobiográfica, *Hermanos*, y tenía también la intención de escribir una vida de Lampedusa, pero la escasez de documentación y el temor a la difícil naturaleza de la princesa acabaron por disuadirlo de aquella empresa.

Vivíamos en provincia y, además, aislados. Las llamadas de larga distancia pasaban por la solicitud a una operadora, que indicaba el tiempo de espera estimado, y aparte no sabíamos a quién llamar. Y mientras Lampedusa nos exhortaba a liberarnos de la estrechez de miras de la provincia, que se identificaba precisamente con la creencia de estar en el centro del mundo, también nuestros juegos culturales tomaban caminos un tanto singulares, por decirlo así.

La princesa Lampedusa había vivido en Letonia hasta 1939, cuando las repúblicas bálticas se integraron en la Unión Soviética por el pacto Ribbentrop-Mólotov. Pero entre las dos guerras, parte de la nobleza báltica, los descendientes de los caballeros teutónicos, había emigrado a Alemania. Aún sentían en la nuca el aliento de la Unión Soviética, y muchos estaban convencidos de que la libertad de los países bálticos no duraría mucho. Los que se quedaron se agruparon en una asociación nobiliaria en la que se aprobó por unanimidad la prohibición de la cesión de cualquier pedazo de tierra báltica y la preservación de la identidad, acompañada de la recomendación de evitar en la medida de lo posible los matrimonios con personas ajenas a la orden de los caballeros.

Lampedusa se dejaba llevar por el placer de la fábula cuando narraba algunos detalles del aislamiento en aquellas lejanas tierras del norte. Tenía una naturaleza incontenible de narrador y sin duda prefería la anécdota enriquecida, a veces inventada de la nada, al testimonio de hechos realmente ocurridos. Contaba entonces que en los largos inviernos los barones supervivientes solían visitarse mensualmente (cuando en realidad casi todos, incluidos los Wolff, pasaban el invierno en Riga y regresaban a sus tierras después del deshielo) y afirmaba que el resultado de tal soledad era una incesante obsesión pedagógica. Y para *incesante* usaba la palabra alemana *unaufhörlich*: «En definitiva, no lo pueden evitar». (Tras esa consideración se escondía un rasgo de carácter de su esposa). Y continuaba:

La emigración de los terratenientes tuvo como consecuencia que los castillos se encontraran a distancias considerables entre sí, de unos cuarenta kilómetros o más, de modo que para escapar de la soledad invernal se puso en práctica la visita pedagógica. La baronesa tal estudiaba chino; su amiga o prima, persa, y una vez al mes una enseñaba a la otra durante una semana el resultado de sus estudios. Luego volvían a su castillo y se ponían a preparar la siguiente lección.

Esas *wicked jokes* sobre la nobleza báltica se revelaban a escondidas en ausencia de la esposa o en un *aparte* ingenioso y en voz baja en su presencia, pero la burla no significaba el rechazo de esa singular metodología pedagógica, y no juraría que nunca existió realmente, porque en un momento dado de 1955, Lampedusa y yo tomamos la decisión de que le impartiría una serie de lecciones de español, lengua de la que conocía los rudimentos y un poco más que él la historia y la literatura.

Es más, tenía a mi disposición la biblioteca que mi madre había heredado de su hermano Fernando (a quien todos llamaban Paco), como su padre, diplomático y bibliófilo apasionado. Había leído bien *El Quijote* y *Las novelas ejemplares* y quería empezar por Cervantes, pero cuando llegó al «galgo corredor» al inicio del libro inmortal, Lampedusa dijo que se divertiría más leyendo cosas que no conocía y pasó a Lope de Vega. Leíamos juntos un par de veces a la semana; yo primero estudiaba para saber al menos de lo que hablaba y consultaba el diccionario para los muchos vocablos cuyo significado desconocía. A veces, su afecto le llevaba a admirar la perspicacia de mis comentarios.

Cervantes resultó ser un mal comienzo. Lampedusa ya había reflexionado sobre el hombre y el escritor durante sus cursos de literatura inglesa y francesa impartidos entre 1953 y 1955. Había comprendido que las aventuras de don Alonso Quijano eran el origen de Montaigne, y a Montaigne lo conocía muy bien. Además, era un pilar de la narrativa europea, y Lampedusa ya estaba familiarizado con él. En repetidas ocasiones lo nombraba como el modelo en el que se apoyó Henry Fielding para superar el formato de la novela epistolar, o indagaba en su narratología como arquetipo de la técnica del *intermezzo*, esa digresión del punto de apoyo narrativo sin la cual el tema principal resultaría opresivo, mientras que a través de la digresión el escritor logra hacer impactante su retorno. Le expliqué que en música la construcción de la fuga se articula precisamente en la relación entre la sección libre del divertimento y la reexposición en contrapunto obligado del tema y el contratema. Me quería mucho y me lo agradeció.

Francesco Orlando ha subrayado su entusiasmo por un entremés de Cervantes titulado *La guarda cuidadosa*, del que no tengo recuerdos concretos. Orlando especula que Lampedusa vio en el soldado protagonista, que disputa el amor de una joven con un sacristán, un trasunto del destino de España misma, donde la honradez es derrotada por el dinero. Al parecer, una cancioncilla incluida en este relato le atrajo especialmente por su audacia:

Sacristán de mi vida,
hazme tuya,
y guía mi fe,
canta aleluya.

Cervantes fue para él uno de los mayores creadores de mundos. Mundos regidos por una locura noble y unos paisajes concretos, ese calor bochornoso de la Mancha, que tal vez le recordaba a los veranos de su infancia en la villa de Santa Margherita di Belice con la tierra reseca esperando la lluvia. Junto con Cervantes, otros creadores de mundos eran Homero, Shakespeare, Dickens, Balzac, Tolstói, un círculo que se extendía hasta Austen, Fielding, Ariosto, Manzoni, Proust. Y sus mundos estaban asociados a narraciones en las que los personajes, incluso los más secundarios, permanecían indelebles. «Ninguno de nosotros se ha cruzado en su camino con don Quijote o sir John Falstaff, del mismo modo que nunca se encontrará con Sam Weller o con Micawber», escribió sobre el criado de Pickwick y el gran viajante de David Copperfield, personajes menores, pero en su opinión bien perfilados, una cualidad en la que la narratología de Dickens sobresalía por encima de todas y que inscribía al hidalgo entre los héroes humildes y, por ende, tanto más brillantes, dada su declarada pasión por la *näive Dichtung*.

Pero sin duda había leído lo que decía Thomas Mann y, siendo defensor de una línea que identificaba en los fundamentos de la revolución liberal-democrática los principios vieneses de la época del emperador José II como la posible cima de la civilización, creía que el romanticismo a lo Hugo, la *sentimentalische Dichtung*, había acabado con el idilio. La *näive Dichtung*, la elegía de las escapadas del Quijote entre montañas y pastores, la arcadia de las «Soledades», le permitían confirmar sus predilecciones.

Muchos años después, Mario Vargas Llosa, peruano y español, se preguntaría ante la excelencia de *El Gatopardo* en su breve ensayo «Mentira de príncipe», luego incluido en el libro *La verdad de las mentiras*: «¿Cómo fue posible?». La suya es la misma perplejidad con la que Giuseppe contemplaba las proezas de aquel marino de Alcalá de Henares. Es cierto que Lampedusa consideró al final la primera parte de las aventuras de Alonso Quijano muy superior a la segunda, con pasajes que le producían gran entusiasmo, como el enfrentamiento con los molinos de viento confundidos con gigantes o el discurso de la montaña. En cualquier caso, se asombraba de que el autodidacta autor de una obra tan discreta como *La Galatea* y otras piezas teatrales hubiera podido escribir un libro tan inmortal como la primera parte del Quijote.

Vargas Llosa confiesa haber sido un obrero de la literatura, una persona que se pasó años intentándolo una y otra vez, escribiendo de la mañana a la noche, a menudo sólo para arrojar el resultado de sus esfuerzos al cubo de la basura al final de la jornada. Lampedusa pertenecía a otra raza de literatos: siempre había sido un lector, uno que había leído una inmensidad de libros, que había hecho de la lectura la razón de su vida y que acabó escribiendo casi por accidente, pero con una libertad y liviandad extraordinarias.

Esto se relaciona con otra idea del autor de *La ciudad y los perros*, según la cual Lampedusa fue una persona que no comprendió del todo el mundo y que quizá no supo vivir en él. No fue del todo así: en un momento tan difícil como la crisis entre las dos guerras, Giuseppe encontró una manera de estar en el mundo, y no una precisamente ordinaria. Su pasión por la lectura y su fatalismo siciliano sin duda le llevaron a adquirir una concepción inmovilista de la historia, que miraba con los ojos de un astrónomo que no espera grandes sorpresas del cielo estrellado.

También en España, Javier Marías, otro atento lector de *El Gatopardo*, comienza su artículo «Odiar *El Gatopardo*» destacando un hecho indiscutible: que la obra de Lampedusa, pese a su instantáneo éxito comercial, fue despreciada en su época como anticuada, anacrónica, refractaria a la idea de una literatura en continuo progreso. Es cierto que Giuseppe no creía en el progreso literario. Al igual que para Brancati, al que leía con gran placer, los libros eran para él una forma de hacer que el mundo fuera potable.

Lo confiaba todo a la forma, la forma era lo fundamental. No era un hombre combativo. Una vez más, para conocer su pensamiento debemos regresar al diálogo de don Fabrizio con Chevalley, cuando renuncia a convertirse en senador:

> Soy un representante de la vieja clase y me siento por fuerza comprometido con el régimen borbónico al que me liga el sentido de la decencia, ya que no el afecto. Pertenezco a una generación infeliz, a caballo entre los viejos tiempos y los nuevos, que no se encuentra a gusto ni en éstos ni en aquéllos.[1]

La suya no es sólo una cuestión de falta de energía o entusiasmo, sino además de practicidad, que Calogero Sedàra tiene en abundancia.

[1] G.T. di Lampedusa, *El Gatopardo*, *op. cit.*

En su texto, de gran agudeza, Marías también acierta al señalar un punto decisivo en la azarosa conversión de Lampedusa como escritor: el momento en que, tras haber fracasado en su intento de relatar un solo día del príncipe de Salina, suspira: «No sé escribir el *Ulises*». Porque es en ese preciso momento, cuando renuncia a emular a Joyce, cuando comprende que debe poner su talento al servicio de una empresa distinta: no es un creador de mundos, sino un memorialista, como sus amados Chateaubriand y Saint-Simon, cuyos cuarenta y un volúmenes de memorias, decía, eran dignos de ser leídos de la primera palabra a la última, y con los *Cuentos para un año* de Pirandello—recordemos, «el hombre más inteligente» que había conocido—como guía esencial.

Pero regresemos a la literatura española, de la que en 1954 Lampedusa conocía pocos, poquísimos textos, y eran ante todo obras de poesía. Algunas figuraban entre los versos favoritos de su primo poeta, Lucio Piccolo di Calanovella, quien, además de ser un poeta notable, fue también un personaje eminentemente poético. Su conversación, siempre tendente a la hipérbole, conformaba una línea continua con la imaginería visionaria tan apreciada por la literatura española, un rasgo que iba desde Juan de la Cruz hasta Góngora, pasando por Antonio Machado y Juan Ramón Jiménez, y hasta los cuestionamientos metafísicos de Jorge Guillén. Piccolo era una antología poética viviente; podía recitar de memoria miles de versos, incluso en lenguas cuya fonética desconocía, como los textos persas de Firdusi. Dado que nunca había conocido a ningún persa y, por tanto, jamás había practicado la conversación en esa lengua, se había inventado su propia pronunciación, en consonancia con la libertad con la que aprendía todo.

Lampedusa ridiculizaba la legitimidad del procedimiento y pasaba a la burla, leyéndonos una novela del estilo del *Robinson Crusoe* de Daniel Defoe, de la serie rousseauniana inspirada en el *enfant sauvage*. La novela hablaba de un niño blanco perdido en África o en la Polinesia. El niño había aprendido un inglés atrofiado en el campamento de los supervivientes de un naufragado velero inglés, y el médico francés del barco, molesto con su infame ortografía británica, le enseñó a escribir traduciéndolo al francés. El alumno pronunciaba *man* pero escribía *homme*,

De izquierda a derecha: Gioacchino Lanza Tomasi, Lucio Piccolo y el perro Gip, y Giuseppe Tomasi di Lampedusa en el jardín de Villa Piccolo. Capo d'Orlando, invierno de 1956.

de modo que, cuando llegó a Europa, el antiguo salvaje tuvo que empezar de nuevo. Piccolo replicaba que ignoramos la fonética del griego antiguo y del francés medieval, pero eso no resta disfrute a una pronunciación convencional.

Los desvaríos poéticos de Lucio, antes de su consagración gracias al premio San Pellegrino de 1954, en cuya entrega Eugenio Montale (que tenía cincuenta y ocho años) lo presentó como a un nuevo autor joven (tenía entonces cincuenta y tres), no fueron cuidadosamente apreciados por Lampedusa. Tal vez se debiera a la modesta consideración de que gozaba en su familia el juicio de Lucio, lo que llevó a Giuseppe a no prestar suficiente atención al rigor cultural que se ocultaba tras las excentricidades de su primo poeta. Aun así, se retractó tras su coronación como joven vate, aunque la admiración por los conocimientos literarios de Lucio iba a menudo acompañada de un «¡Mira!, quién lo habría dicho», como para recordarse a sí mismo, incluso en presencia de su interlocutor, una anomalía que tenía algo de increíble.

No menos singular que Lucio Piccolo fue su hermano mayor, Casimiro, quien, al igual que él, vivía cautivado por mundos esotéricos, poblados por duendes y ectoplasmas: los «pueblos del reino», como los llamaba Yeats, con quienes mantenía una breve y ferviente correspondencia. En su cuarto tenía el cuadrado mágico, una valla frente a su sillón que los invitados no debían cruzar, pues Casimiro, víctima de una neurosis obsesiva, temía los microbios y el contagio. Su vida estaba puntillosamente reglada por la necesidad de evitar que sus manos entraran en contacto con objetos

INDICE DE LA COLECCION

OBRAS ETERNAS

OBRAS ETERNAS es una colección que pone a su alcance, con sus tomos de obras completas, una imagen total de las creaciones de los máximos escritores mundiales.

1.—MIGUEL DE CERVANTES: OBRAS COMPLETAS. Intr. de A. Valbuena Prat. 1.790 páginas.
Las novelas, el teatro y las poesías del genio español de la literatura universal.

2.—WILLIAM SHAKESPEARE: OBRAS COMPLETAS. 1.870 páginas.
Primera versión íntegra del inglés. Única edición completa en castellano.

3-4 bis.—FEDOR M. DOSTOYEVSKI: OBRAS COMPLETAS. Trad. e intr. de R. Cansinos Asséns. Tres tomos; 4.800 páginas.
Única versión directa y completa de las obras del genio eslavo de la novela.

5.—SANTA TERESA DE JESUS: OBRAS COMPLETAS. Edición y estudio de Luis Santullano. 1.346 páginas.
Un excepcional testimonio de las excelsas experiencias místicas. Un tesoro de vida y expresión.

6-7.—FRANCISCO DE QUEVEDO: OBRAS COMPLETAS. Dos tomos; 3.400 páginas.
La más completa y erudita edición de las obras de Quevedo.

8-9.—ARMANDO PALACIO VALDES: OBRAS COMPLETAS. Intr. de L. Astrana Marín. Dos tomos; 3.400 páginas.
Con las inmortales novelas del creador de La hermana San Sulpicio, La aldea perdida, Marta y María, etc.

10-10 bis.—JOSE MARIA DE PEREDA: OBRAS COMPLETAS. Intr. de José María Cossío. Dos tomos; 3.000 páginas.
Única edición monumental de las obras completas del gran novelista montañés.

11-13.—JUAN VALERA: OBRAS COMPLETAS. Introducción de L. Araújo Costa. Tres tomos; 4.800 páginas.
Las novelas y las críticas del creador de inolvidables figuras femeninas andaluzas: Pepita Jiménez, Juanita la Larga...

14-19.—BENITO PEREZ GALDOS: OBRAS COMPLETAS. Intr., bibliografía y censo de personas galdosianos, por F. C. Sáinz de Robles. Seis tomos; 10.800 páginas.
Toda la titánica producción del mayor novelista español después de Cervantes.

20-21.—PEDRO CALDERON DE LA BARCA: OBRAS COMPLETAS.
Tomo I: DRAMAS PROFANOS. 1.500 páginas.
Tomo II: COMEDIAS. Edic. e intr. de A. Valbuena Briones (en prensa).
Tomo III: AUTOS SACRAMENTALES. Edición e intr. de A. Valbuena Prat. 1.500 páginas.
Las obras del autor de La vida es sueño, El alcalde de Zalamea y El gran teatro del mundo, genio de la dramaturgia del Barroco.

22.—LA NOVELA PICARESCA: Selección y estudio de A. Valbuena Prat. 2.000 páginas.
Texto íntegro de las 24 mejores novelas del más característico género narrativo español.

23-24.—EMILIA PARDO BAZAN: NOVELAS Y CUENTOS COMPLETOS. Intr. de F. C. Sáinz de Robles. Dos tomos; 3.400 páginas.
La mayor novelista del Naturalismo en España, autora de Los pazos de Ulloa, Viaje de novios, La morriña, *etc.*

25.—LUCIO ANNEO SENECA: OBRAS COMPLETAS. Trad. e intr. de Lorenzo Riber. 1.200 páginas.
Veintiséis obras—tratados filosóficos y tragedias—del máximo representante del estoicismo.

26.—OSCAR WILDE: OBRAS COMPLETAS. Traducción e intr. de Julio Gómez de la Serna. 1.400 páginas.
Las novelas, cuentos, obras de teatro, poemas, ensayos, conferencias y cartas del infortunado autor de la Balada de la cárcel de Reading.

27.—BALTASAR GRACIAN: OBRAS COMPLETAS. Intr., edic. y notas de E. Correa Calderón. 1.000 páginas.
Única edición completa y verdaderamente comentada.

28-29 bis.—JOHANN WOLFGANG GOETHE: OBRAS COMPLETAS. Trad. directa e introducción de R. Cansinos Asséns. Tres tomos; 5.700 páginas.
Única versión directa al castellano de las obras del genio alemán de la literatura universal.

30.—ANGEL SAAVEDRA, DUQUE DE RIVAS: OBRAS COMPLETAS. Edic. e intr. de E. Ruiz de la Serna. 1.500 páginas.
Cima de la literatura romántica española, creador de Don Alvaro o La fuerza del sino.

31.—MOLIERE: OBRAS COMPLETAS. Traducción e intr. de Julio Gómez de la Serna. 1.100 páginas.
Con 34 comedias y otras obras del genio universal del teatro cómico.

32.—FEDERICO CARLOS SAINZ DE ROBLES: HISTORIA Y ANTOLOGÍA DE LA POESÍA ESPAÑOLA (DEL SIGLO XII AL XX). 2.300 páginas.
La más completa y extensa antología de la poesía española de todos los tiempos.

33.—DIEGO SAAVEDRA FAJARDO: OBRAS COMPLETAS. Edic. e intr. de A. González Palencia. 1.500 páginas.
Única edición moderna existente de las obras completas del gran político e historiador barroco.

36-36 bis.—RICARDO MAJO FRAMIS: NAVEGANTES, CONQUISTADORES Y COLONIZADORES ESPAÑOLES DE LOS SIGLOS XVI, XVII Y XVIII. Tres tomos; 4.500 páginas.

Índice de la colección Obras Eternas de Aguilar, anotado por Lampedusa.

MARQUÉS DE VILLA-URRUTIA
DE LAS RR. ACADEMIAS ESPAÑOLA Y DE LA HISTORIA

LA REINA
GOBERNADORA

DOÑA MARÍA CRISTINA DE BORBÓN

PRÓLOGO DEL
EXCMO. SR. CONDE DE ROMANONES

FRANCISCO BELTRÁN
LIBRERÍA ESPAÑOLA Y EXTRANJERA
PRÍNCIPE, 16-MADRID

Cubierta de *La reina gobernadora*, del Marqués de Villa-Urrutia.

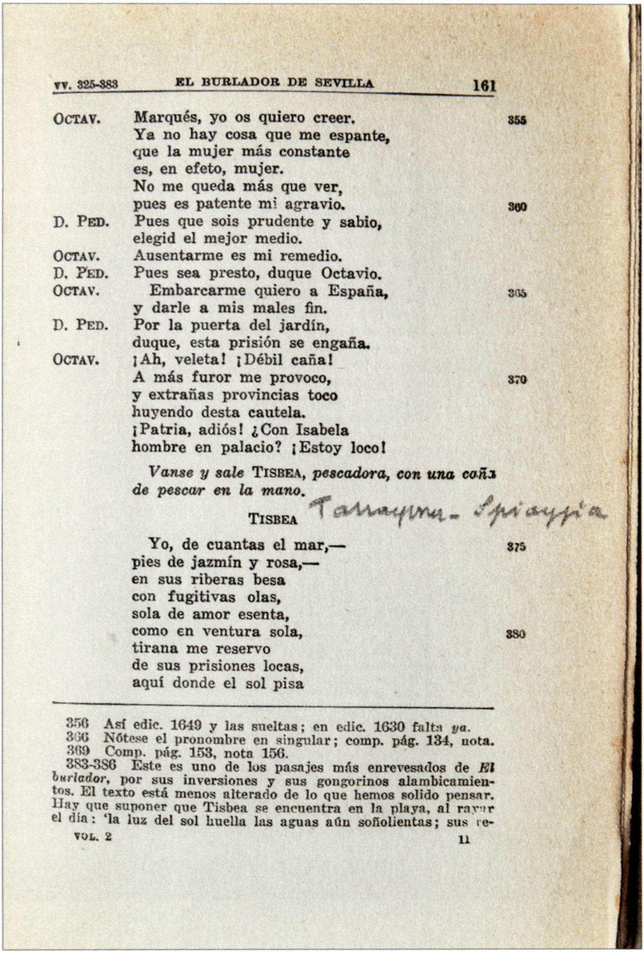

vv. 325-383 EL BURLADOR DE SEVILLA 161

OCTAV. Marqués, yo os quiero creer.
Ya no hay cosa que me espante,
que la mujer más constante
es, en efeto, mujer.
No me queda más que ver,
pues es patente mi agravio.
D. PED. Pues que sois prudente y sabio,
elegid el mejor medio.
OCTAV. Ausentarme es mi remedio.
D. PED. Pues sea presto, duque Octavio.
OCTAV. Embarcarme quiero a España,
y darle a mis males fin.
D. PED. Por la puerta del jardín,
duque, esta prisión se engaña.
OCTAV. ¡Ah, veleta! ¡Débil caña!
A más furor me provoco,
y extrañas provincias toco
huyendo desta cautela.
¡Patria, adiós! ¿Con Isabela
hombre en palacio? ¡Estoy loco!

Vanse y sale TISBEA, *pescadora, con una caña de pescar en la mano.*

TISBEA Tarragona - Spiaggia

Yo, de cuantas el mar,—
pies de jazmín y rosa,—
en sus riberas besa
con fugitivas olas,
sola de amor esenta,
como en ventura sola,
tirana me reservo
de sus prisiones locas,
aquí donde el sol pisa

356 Así edic. 1649 y las sueltas; en edic. 1630 falta *ya*.
366 Nótese el pronombre en singular; comp. pág. 134, nota.
369 Comp. pág. 153, nota 156.
383-386 Este es uno de los pasajes más enrevesados de *El burlador*, por sus inversiones y sus gongorinos alambicamientos. El texto está menos alterado de lo que hemos solido pensar. Hay que suponer que Tisbea se encuentra en la playa, al rayar el día: 'la luz del sol huella las aguas aún soñolientas; sus re-

VOL. 2 11

Una página de *El Burlador de Sevilla* con anotaciones de Lampedusa.

Libros de la editorial Aguilar pertenecientes a la biblioteca de Lampedusa.

TIRSO DE MOLINA
OBRAS
DRAMATICAS
I
QUEVEDO
OBRAS
COMPLETAS
VERSO
QUEVEDO
OBRAS
COMPLETAS

Retrato de la abuela de Gioacchino Lanza Tomasi, Anita Camacho, dibujado por Picasso.

impuros, portadores de peligro. Sus costumbres fueron tomando poco a poco un giro antisocial.

Se acostaba hacia el amanecer y se dedicaba principalmente a la fotografía. Pasaba las noches en el cuarto oscuro, en raras ocasiones pintaba, pero Giuseppe bromeaba a menudo sobre ese aspecto de la vida de su primo, como puede verse en las cartas que enviaba a los Piccolo durante sus viajes por Europa.

Casimiro aparecía en el salón hacia la una. Las manos sonrosadas y agrietadas por el alcohol, extendidas en el mismo gesto que los sacerdotes anteriores al Concilio Vaticano II usaban desde la Consagración en adelante. Cuando se servía la mesa, llegaba el último. Movía la silla de la cabecera con los pies y la arrastraba hacia atrás sin usar las manos. Tanto si relataba apariciones de espíritus o los simples acontecimientos del día, participaba en la gran *moquerie* «piccolita» a la que sometía a todos los humanos, parientes, amigos, sirvientes, conocidos.

Lampedusa y Piccolo habían consensuado un pasado inventado según el cual el origen de la fobia de Casimiro era una amante a la que había conocido en Múnich, donde habría ido a estudiar pintura. La amante habría muerto de tuberculosis y así era como había surgido la fobia. La historia se remontaba a la época de la Gran Guerra, pero es completamente improbable. Sospecho que Casimiro quería librarse del servicio militar y pasó algunos años escondido en Roma. Por otro lado habría sido imposible que, siendo italiano, se escondiera en Alemania.

Por el contrario, fue alumno de Camarda, director de la Academia de Palermo; pintó poco y apenas se conserva nada de lo que pintó, como el retrato de Giuseppe Tomasi di Lampedusa que se perdió en la Segunda Guerra Mundial, y del que sólo queda una fotografía en blanco y negro. En Bellas Artes, Casimiro cultivó con celo maníaco dos disciplinas: la fotografía y la acuarela, ambas pasiones de juventud. Las acuarelas basadas en ilustraciones de cuentos de hadas ingleses creo que forman parte de la construcción de su más allá de elfos y gnomos al que se dedicó a partir de la década de 1920. Recuerdo que le envié una postal desde Bayreuth en 1963, una representación de Mime en *El anillo del nibelungo* con el siguiente comentario: «Te han copiado una acuarela». Es más, así se disfrazaban los señores del bosque en las acuarelas de Arthur Rackham en aquella edición de *El anillo* con la puesta en escena de Wolfgang Wagner y la magnífica dirección de Rudolf Kempe.

Casimiro consideraba a Velázquez y a Goya la cúspide del arte y transmitió esta opinión a Lampedusa. Entre sus obras favoritas estaban *Las meninas* y *La fragua de Vulcano* del primero, y *La lechera de Burdeos* del segundo. Aun así, una vez se oyó al hermano Piccolo mediano—la mayor era Agata Giovanna, viuda de guerra y estudiosa de la botánica—decir que no aguantaba a los pintores modernos que distorsionaban las figuras, hasta que su interlocutor se dio cuenta de que no se refería ni a Picasso ni a Léger, sino al Goya de las pinturas negras.

Ir a Capo d'Orlando con los Piccolo nos parecía entonces un viaje a una isla encantada. En cuanto a España, Lucio estaba mucho más avanzado en conocimientos literarios que Lampedusa. Se le iluminaba la cara al declamar a san Juan de la Cruz, era un experto en las *Soledades* de Góngora, había leído bien a Calderón de la Barca y a Quevedo, apreciaba a Garcilaso casi tanto como a Ronsard y tenía un amplio conocimiento de la poesía española del siglo XX. Le gustaba especialmente recitar de un tirón a Lope de Vega, quien, en *El peregrino en su patria*, decía:

Si à un hombre le fuera posible, havia de procurar nacer en Francia, vivir en Italia, i morir en España: el nacer, por la Nobleza Francesa, que siempre ha tenido Rei de su Nacion, i nunca se ha mezclado con otro; el vivir, por la libertad, i fertilidad de Italia; i el morir, por la Fé, que en España es tan segura, Católica, y verdadera.

Si Lampedusa había leído sin duda los escritos de Croce sobre la cultura y la literatura españolas, Piccolo sólo se había movido por los senderos de la poesía. Cabe recordar que la cultura italiana todavía estaba bajo la influencia de *Los novios*, y que la dominación española, aunque cesó antes de cualquier intento de unidad nacional, fue el blanco preferido de la Ilustración, a la que se remitieron tanto Manzoni como la retórica del Risorgimento. Lampedusa, gran estudioso de la época y de la transitoriedad, se burlaba de estas actitudes recurriendo cáusticamente a la terminología del fascismo de Starace, como *irrenunciable* o *imprescriptible*. Como admirador incondicional de Napoleón, citaba con asombrosa reverencia la derrota bonapartista en España, afirmando que la batalla de Bailén fue la única que terminó con la rendición incondicio-

Giuseppe Tomasi di Lampedusa. Siculiana, 1955.

nal de los franceses. Conclusión que, como estratega clausewitziano que era, tenía para él el deleite de un soberbio jaque mate.

Desde niño había cultivado el estudio de la estrategia napoleónica y era capaz de reconstruir las maniobras más destacadas de todas las batallas de la época. El sorprendente resultado de Bailén lo había llevado a la convicción de que España era una entidad nacional sólida y poco conocida.

En esto se sentía reconfortado por las conversaciones con Virgilio Titone, su amigo del café. Se reunía con él todas las mañanas junto a otros profesores y magistrados, como Gaetano Falzone o Enrico Merlo, en su habitual ronda de cuatro cafés en el centro de Palermo, todos ellos situados en el primer tramo de la via Ruggero Settimo, en un radio que no superaba los cien metros: primero la pastelería Massimo, luego el Extra Bar, en tercer lugar el Caflisch y, finalmente, el Mazzara. El profesor Titone, veterinario de profesión, fue autor de un ensayo titulado *Sicilia spagnola* que se oponía a la opinión general, en el cauce de la leyenda negra, sobre la dominación española en Sicilia, y Lampedusa no dejó de expresar su admiración por esta tesis revisionista, por lo demás bien escrita y documentada.

Por otro lado, a menos que se pretendiera hacer una investigación específica, la narrativa española tenía pocos lectores en Italia y las traducciones eran escasas. Lampedusa manifestó su agrado por *San Manuel Bueno, mártir*, de Unamuno. Lo había leído en italiano. Aquella breve novela coincidía con su idea del lugar destacado que, según él, y a pesar de sus convicciones a menudo escépticas, correspondía al catolicismo. La verdad revelada quedaba fuera de su búsqueda, pero si se considera la contribución a la identidad histórica, la Iglesia, y en particular la católica, le parecía un elemento primordial e insustituible de la cultura europea. Empleaba entonces el mismo escarnio con el que tildaba una observación de su admirado Jules Michelet en *Histoire de France*: «*La monarchie a détruit la France*». «Pero no hay que olvidar tampoco—concluía Lampedusa con su típica sonrisa sarcástica—que sin la monarquía *la France* no sería lo que es». Era más o menos el mismo camino que lo llevaba a una reflexión *ultra petita* de Chesterton, una convicción que se remonta a su juventud, como se desprende de las cartas recogidas en *Viaje por Europa. Correspondencia 1925-1930*,[1] y que aún perdura en las *Notas sobre literatura inglesa*, escritas para Francesco Orlando en 1953-1955.

Mientras pudo, Lampedusa viajó por toda Europa, con Grecia y España como notables excepciones. No tengo duda de que le habría encantado conocer la patria de Cervantes, pero tuvo que consolarse con la visión romántica de

[1] Edición de Gioacchino Lanza Tomasi y Salvatore Silvano Nigro, trad. Juan Antonio Méndez, Barcelona, Acantilado, 2017.

este país que le ofrecían algunos de los escritores a los que solía frecuentar. Byron, por ejemplo, le gustaba como escritor y como seductor de damas—sin excluir el incesto con su hermana Augusta—capaz de viajar por el mundo saltando de una cama a otra.

En las páginas de *Las peregrinaciones de Childe Harold*, ese gran viaje iniciático que lleva al joven Byron de Lisboa a Sevilla, Lampedusa encontró esta alegre descripción:

> El camino es uno de los más atractivos que conozco: cada doscientos metros hay una cruz que indica que alguien fue asesinado allí, y a menudo se ven gendarmes que escoltan hasta la horca a ladrones condenados y a espías. Y en cada pueblo, hermosas muchachas de ojos negros lanzan claveles perfumados. El amor y la muerte aparecen a cada paso.

Y cuando hace escala en Cádiz para ir a Gibraltar, el viajero añade: «La ciudad está tan llena de muchachas hermosas como Londres de solteronas».

Las flores, las mujeres hermosas y los convictos eran los objetos predilectos de Byron, cuyos escritos a menudo recordaban a Giuseppe los grabados de Goya, pero el poeta no tenía el más mínimo interés por el arte español. Hubo que esperar a los saqueos de Masséna y José Bonaparte para que la pintura española fuera apreciada en los salones europeos, pero eso aún quedaba muy lejos.

Para Lampedusa fue Prosper Mérimée, también romántico, aunque a su manera, el principal discípulo de Stendhal en su búsqueda de la lucidez y la verdad en el arte y la encarnación del Segundo Imperio: «Una especie de dictador literario en la corte de Napoleón II», como lo definió en sus clases. Había visto en Palermo una gran *Carmen* con la orquesta de la Suisse Romande, cuando la agencia Hirsch controlaba la programación del teatro Massimo desde Ginebra. Aquella representación le llevó a considerar que la obra más sublime no era ni *El anillo del nibelungo* ni *Parsifal*, sino *Carmen*. Una opinión que debió de estar influida por su devoción por Nietzsche, para quien la obra de su amigo Wagner terminó pareciéndose a un pastel de carne católico, lleno de misticismo cristiano y estupidez.

El ciclo de *El anillo* era, desde ese punto de vista radical, un triunfo de la banalidad, mientras que *Carmen* era sincera, real. La famosa aria de don José cuando llega a la taberna de Lilas

Pastia le pareció a Lampedusa de una modernidad absoluta; todas las frases le sonaban perfectamente calibradas, como la entrada en la arena del alcalde, seguida por la carroza de la protagonista con el torero Escamillo en el cuarto acto: «*Si tu m'aimes, Carmen...*». Sin embargo, marcó una notable distancia entre la novela y la ópera, con una predilección sin reservas por la primera.

El interés de Mérimée por España ya se había manifestado en 1825 con la publicación del *Théâtre de Clara Gazul*, una supuesta traducción de las obras de una actriz española compuesta por seis comedias breves, dos de las cuales eran para Lampedusa de un gusto y refinamiento maravillosos. Pero ninguna de ellas se acercaba a la *Carmen* narrada por Mérimée «con una austeridad y una sobriedad de matices asombrosas», escribió. «*Carmen* se lee en media hora y, sin embargo, deja una huella imperecedera, debido precisamente a la renuncia de su autor a cualquier efecto y a cualquier *pathos*».

Por otro lado, en su retrato del escritor francés, Lampedusa, con su gusto por la anécdota picante, dice que hay buenas razones para creer que de un viaje de Mérimée a España nació Eugenia de Montijo, destinada a convertirse en emperatriz de Francia. La paternidad es bastante improbable, ya que Montijo nació en 1826 y el primer viaje de Mérimée a España data de 1830, lo que no impidió que Giuseppe diera la historia por cierta.

En las clases que impartía a nuestro círculo de selectos discípulos, Lampedusa siempre demostraba una erudición arrolladora, aunque se permitía algunas imprecisiones al citar ciertos versos y hacía referencias a fuentes dudosas. Hablaba desde su condición de investigador del comportamiento humano y de narratólogo, no como quien tiene a sus espaldas un impecable testimonio documental. Y tampoco dudaba en dar rienda suelta a su creatividad cuando los hechos concretos brillaban por su ausencia. Para él, la verdad histórica no ha renunciado a sus propias contribuciones, como muestra en un pasaje de sus *Notas sobre literatura inglesa* ambientado precisamente en España.

De ahí su semejanza con Hilaire Belloc, el escritor inglés apodado Old Thunder, que visitó los campos de batalla de las guerras napoleónicas, desde el centro de Europa hasta Moscú, adonde fue en 1912. Lampedusa se toma su tiempo para contar la historia de una expedición española de Belloc y Oman, cada uno al frente de un grupo de eruditos, para confirmar sobre el terreno sus tesis sobre los éxitos de Wellington durante la campaña antinapoleónica de España. La peripeteia no aparece, sin embargo, en ninguna biografía de los dos historiadores, lo que contrasta con el detalle de la narración de Lampedusa:

> Belloc y Oman partieron hacia España seguidos cada uno de ellos de unos treinta amigos y discípulos. Y allí, justo en el campo de batalla y en las mismas fechas (¡en pleno mes de agosto!), estos dos pequeños ejércitos de eruditos reprodujeron, esquematizándolas, las antiguas batallas de Talavera de la Reina y de Torres Vedras.

La presencia de Belloc en España está documentada en 1907 (la recorrió solo y a pie), en 1911 la visitó en coche con su esposa y un amigo, y finalmente en 1936, durante la guerra civil, cuando viajó a España para entrevistar a Franco. Parece que Oman y Belloc no se enfrentaron nunca a un tórrido verano español. Estas y otras consideraciones similares se deben a la especial tipología del literato que fue Tomasi di Lampedusa. Así, por lo general, la anécdota aparentemente más documentada (en ocasiones, como en el caso de Oman-Belloc, se apela a un supuesto testimonio directo) es la menos fiable.

Una valiosa fuente de interpretación es la biblioteca del escritor (entendiendo por su biblioteca la parte formada por los libros que él mismo compró y leyó). Consta de unos cuatro mil volúmenes, divididos a partes iguales entre libros de historia y obras literarias, con pequeños espacios dedicados a la historia del arte y a la literatura de no ficción. Giuseppe Tomasi coleccionaba sensaciones, experiencias, no documentos ni citas. Pero este desinterés por la rigurosidad científica de los textos se compensaba con una profunda atención a su contenido estilístico y a su poder evocador. Un texto merecía su atención si era capaz, ante todo, de comunicar ejemplaridad. Y la prodigiosa memoria que tenía de innumerables páginas escritas se apoyaba en esta galería personal de ejemplos valiosos.

España seguía estando lejos entonces. Y los escritos de Croce, que poseía y que seguramente había leído, no habían suscitado en él el esfuerzo de una verificación. Tampoco conocía la figura política de Miguel de Unamuno, un factor significativo en la relación entre intelectuales y franquismo. Tampoco había investigado sobre la guerra civil, cosa extraña en un hombre que había reunido en su biblioteca los principales textos consagrados a la historia europea de su siglo. Pero España, después de Utrecht, ya no era protagonista en el tablero europeo y había perdido todos sus dominios italianos.

En el ámbito político, la familia Lampedusa fue muy heterogénea. Si bien el padre, Giulio Tomasi, fue uno de los pocos aristócratas decididamente antifascistas de la década de 1920, su madre, Beatrice, hizo el saludo romano mientras ardía la Cámara del Trabajo en Turín y confió en que Mussolini les salvaría del caos que se había generado en Italia en la primera postguerra.

En cuanto a Giuseppe, sabemos poco de su evolución ideológica. «La vida se vive por tramos», nos decía, queriendo dar a entender que era diferente de como lo conocíamos, y sin querer decir en qué sentido. Es muy probable que de joven fuera un admirador, junto con Bruno Revel, su compañero de prisión en Szombathely, de

La biblioteca de Giuseppe Tomasi di Lampedusa en el segundo piso del palazzo de la via Butera 28 en la década de 1950.

esa corriente de los primeros herejes protestantes medievales entre los que se encontraba fray Dulcino, predicador político y hereje que acabó sus días en la hoguera.

Sabemos con certeza que en 1927 tuvo que afiliarse al partido fascista sólo para poder alquilar a la compañía de gas la parte del Palazzo Lampedusa que era propiedad de sus tíos, ya que sin el carnet no le habrían permitido ningún trámite formal, pero eso no puede considerarse en absoluto una adhesión ideológica. Todo lo contrario: en cuanto pudo, se declaró enfermo crónico y administrador de una empresa agrícola, categorías que quedaban exentas, y renunció.

Entendía los motivos de la izquierda, era un gran admirador de Gramsci, de quien leímos juntos sus *Cartas desde la cárcel*. Los Saboya habían matado a miles de campesinos en toda la isla, y Gramsci había escrito: «El sur es tan ignorante que necesita ser educado, y esa educación sólo pueden impartirla intelectuales orgánicos». Lampedusa era de la misma opinión.

En 1951, la editorial Rinascita publicó *Doble esplendor*, de Constancia de la Mora, la aristócrata madrileña amiga de Dolores Ibárruri, la Pasionaria, que se casó con un comunista y defendió la causa republicana hasta su último aliento. El suyo era un libro poderoso y apasionado, aunque indudablemente *naïf*, y tuvo una circulación discreta en la literatura comunista. Lo leí, y él no dejó de burlarse de mí remitiéndome a la lectura de *Clelia, o el gobierno de los curas*, la novela de Giuseppe Garibaldi, igualmente truculenta, pero más divertida, en su opinión. Y concluía: «En la Unión Soviética se habrán cortado muchas cabezas, pero no se ha elevado a los altares tantas banalidades». Como se ha comentado ya, los escritores de la Revolución de Octubre tenían un lugar en su corazón.

Su oposición al fascismo fue dinástica, de parte de su padre y sus tíos Alessandro y Pietro, convencidos demócratas, y también empírica. En cuanto a Francisco Franco, lo consideraba una especie de brazo secular de la Iglesia, de cuya sabiduría milenaria veía una prueba en la evasión y finalmente en la negativa a entrar en guerra junto a las dictaduras europeas.

Por último, son muchos los que han denunciado la «ceguera» de Elio Vittorini y de los editores de izquierdas de la época, que rechazaron el manuscrito de *El Gatopardo*, en teoría por una cuestión de distanciamiento ideológico. Eso no es del todo cierto. Como demostró el estudioso Gian Carlo Ferretti en su ensayo *La lunga corsa del Gattopardo*, fue más bien un descuido administrativo, no una toma de posición marxista, lo que llevó a Mondadori a no contratar el libro. Si Giuseppe hubiera vivido más tiempo, sin duda se habría llegado a un acuerdo, pero con los primeros indicios de la enfermedad, cuando tuvo una hemorragia en Capo d'Orlando, su sentencia de muerte ya estaba dictada. La suya fue una tragedia humana, no literaria.

Lampedusa, que por lo demás llevaba una vida bastante austera, sólo gastaba dinero en Flaccovio. Esta librería, en la via Ruggero Settimo, esquina con la via Rosolino Pilo, era la única de Palermo que tenía contactos para pedir libros desde el continente. En las grandes salas que se sucedían, los clientes preguntaban al propietario, Salvatore Fausto Flaccovio—el mismo a quien Lampedusa confió en 1957 el manuscrito de *El Gatopardo* para enviarlo a Elio Vittorini, editor de Einaudi—si tenía tal o cual título. Librero y editor, Flaccovio fue también el primero en abrir una tienda de ordenadores en el sótano de la librería, gracias a una colaboración con Olivetti, su primer fabricante italiano.

De izquierda a derecha: Giuseppe Tomasi di Lampedusa, Gioacchino Lanza Tomasi y Lucio Piccolo en Villa Piccolo. Capo d'Orlando, invierno de 1956.

Giuseppe compraba libros a escondidas para evitar los reproches de Licy, pero, por muchos volúmenes que acumulara, siempre quería más y para mitigar los reproches de su esposa, le aseguraba que la librería le hacía un descuento especial. En el catálogo de la colección *Obras eternas* de Austral, había marcado los «recibidos» con una cruz, los «pedidos» con una línea vertical y los «deseados» con una línea horizontal. Al final, sólo quedaban unos pocos por marcar de una manera o de otra.

También le gustaba ir al cine, y se puede decir que vio todas las películas de su época. Recuerdo especialmente una película española, *Marcelino, pan y vino*, que vimos juntos con Licy, no sabría decir si en el Cinema Modernissimo, frente al Banco Comercial, o en el Cinema Massimo. Giuseppe se divirtió con la historia de aquel niño abandonado que intercambiaba confidencias con el Cristo, mientras que Licy, que lo analizaba todo a través del filtro del psicoanálisis, salió del cine muy enfadada, juzgando la película como una invitación a la neurosis obsesiva.

El teatro de Lope de Vega, incluido en los dos volúmenes de *Obras escogidas* publicados por Aguilar (Madrid, 1952), lo leímos de arriba abajo. Se hacían dos sesiones de lectura por semana y tenían lugar por la tarde, en su casa de la via Butera, 28. A veces se leía una comedia entera, pero más frecuentemente sólo un par de actos. Empezamos con *Fuente Ovejuna*.

Lampedusa conocía, pero no sé si había leído, la edición de Lunačarskij, y le intrigaba la combinación de un texto del siglo XVII y el modernismo artístico de la época de la Revolución de

Octubre. Comentó con ligero sarcasmo la introducción de Aguilar, donde se afirma que: «*Fuente Ovejuna*, drama eminentemente democrático, es al mismo tiempo monárquico. En Lope de Vega las ideas de corona y pueblo eran inseparables. *Fuente Ovejuna* sella la alianza ideal entre los reyes y los trabajadores».

Luego leímos *Peribáñez y el comendador de Ocaña*. Pero entramos en el verdadero jardín de las delicias con *El caballero de Olmedo* y *Retablo de las paces de los reyes y judía de Toledo*. Yo preparaba en casa las lecturas, seleccionando las comedias, tratando de hacerme una idea y de lograr una pronunciación decente del texto. A Lampedusa le fascinó al instante la facilidad para el verso de Lope de Vega, la ausencia generalizada de clichés. Lo consideraba en cierto sentido un autor antirretórico y eso le llevaba a lamentarse, como era su costumbre, de esa tremenda aridez literaria italiana en que la retórica empaña la eficacia de la comunicación y acaba por apoderarse del talento. Cuando pasamos a *El villano en su rincón* y *La moza de cántaro*, subrayó el disfrute de la lengua, el humus de un vocabulario campesino con una terminología precisa y relacionada con la realidad del trabajo en el campo.

Y también aquí, otras malicias contra la literatura italiana. «Cómo se puede usar *avellana* para designar a la nuez y otros disparates similares». El tren había partido y pasaba a deplorar la literatura humanística, culpable de haber interrumpido el flujo sublime del siglo XIV toscano y de haber hecho retroceder en Italia la escritura al nivel del ejercicio de estilo. No es que tuviera documentación alguna sobre el español como una lengua con mayor concreción en los términos, pero le fascinaba la amplitud del vocabulario español y le hacía vislumbrar una feliz conciencia idiomática del español con respecto al italiano, una lengua «que a menudo ha relegado la comunicación directa al ámbito de los dialectos». Y en Italia, los dialectos son todos pertinentes y todos distintos, y ciertamente, en su juventud, más autónomos y ajenos a la lengua culta.

El *Vocabolario della Crusca* y el *Dizionario italiano* del Fanfani, en una versión usada por mi abuelo paterno, le hacían reír. Tres cuartas partes de las palabras le resultaban incomprensibles, excepto las cien mil toscanas, aproximadamente. Y el escarnio le parecía mucho más dulce cuando pensaba en la esposa de su tío Pietro Tomasi della Torretta, que era al mismo tiempo su suegra.

Alessandra Wolff era, de hecho, la hija primogénita de Alice Barbi. Así se llamaba la marquesa Della Torretta, una mujer independiente y decidida, que había vivido mucho tiempo en el extranjero. Barbi era una mezzosoprano de gran belleza y carácter orgulloso e independiente, que fue parte esencial de las veladas de música italiana de cámara celebradas en el salón de la reina Margarita, corresponsal y amiga de Giuseppe Martucci antes de emprender una carrera como cantante de *Lieder* en Alemania, donde fue la última amante de Johannes Brahms. Éste la acompañó en su concierto de despedida, cuando a los cuarenta años aceptó la propuesta de matrimonio del barón báltico Boris Wolff von Stomersee.

Barbi había hecho del toscano su signo de superioridad y utilizaba términos extraídos del Fanfani, como *rumare*, para remover el café, o reprobaba a su interlocutor si no prestaba atención a los sonidos graves o agudos de las vocales: *pésca* para pescar y *pèsca* ['melocotón'] para la fruta. Una costumbre con la que no hizo muchos amigos, su yerno incluido. Pero por las cartas que han sobrevivido, puedo decir que su italiano era admirable y de gran claridad.

La observación de que el teatro español del

Siglo de Oro tenía semejanzas con el *Sturm und Drang* le parecía a Giuseppe totalmente aceptable. Y el distanciamiento que siempre mantuvo con Calderón se debía a lo diferente de sus intereses. Además, la superestructura del auto sacramental nunca formó parte de los materiales literarios que iba recopilando. Y es que no hay que olvidar que, tanto en sus juicios como en sus curiosidades, Lampedusa actuaba como el maestro de redacción que corrige las redacciones de sus alumnos, pensando en cómo las habría escrito él mismo.

También Vargas Llosa, en su lectura de *El Gatopardo*, destaca la importancia del sueño en el personaje de don Fabrizio, que alcanza su máxima expresión en la conversación con Chevalley.

El sueño, querido Chevalley, el sueño es lo que más desean los sicilianos, y siempre odiarán al que pretenda despertarlos, aunque sea para traerles los mejores regalos.[1]

Una idea que podría remitirnos a Calderón y a *La vida es sueño*, con la diferencia de que lo que

[1] G.T. di Lampedusa, *El Gatopardo*, *op. cit.*

en el drama de Segismundo es agonía en *El Gatopardo* es signo de identidad.

Para Lampedusa había una gran diferencia entre Lope de Vega y Calderón. Calderón es básicamente un auto sacramental, una verdad preestablecida. En Lope de Vega, en cambio, hay al final una extraordinaria capacidad para ir más allá. El primer modelo de Lampedusa fue Ariosto, por eso llegó a pensar que lo que escribía Lope de Vega eran hermosas imitaciones en terceto del autor de *Orlando furioso*, pero al final se dio cuenta de que había llevado las cosas demasiado lejos.

En su versión *naïf*, Lampedusa era un apasionado de los villancicos y las *nursery rhymes*, y también ahí lamentaba la mediocridad de nuestras canciones infantiles. Lo patético le entusiasmaba sobre todo cuando, como en Mozart, es perfectamente consciente de serlo y, por tanto, algo completamente distinto de lo simple y convencional. La noche de *El Caballero de Olmedo*, antes de la emboscada; la melancolía de Raquel, la judía de Toledo, en el río, antes del asesinato; estos eran para él excelentes textos de un idilio patético: *Nachtmusiken*, dignos del Shakespeare tardío de *Cimbelino* o *La tempestad*. En las dos citadas comedias de Lope de Vega, el moribundo dialoga con un campesino: «Labrador honrado y noble, | ¿qué me dices?, ¿qué me cuentas?», exclama Raquel al enterarse de que unos hombres armados han invadido el jardín del palacio de Galiana, donde vive con Alfonso VIII.

Y otro campesino entona fuera de escena el final de don Alonso, el caballero de Olmedo, pocos instantes antes de la emboscada nocturna:

Sombras le avisaron
que no saliese,
y le aconsejaron
que no se fuese
el caballero,
la gala de Medina,
la flor de Olmedo.

Ambos pasajes tienen la cadencia del villancico, como corresponde a los héroes de la leyenda popular, y se presentan como variantes del tema bíblico de la hija de Jefté, historias en las que el patetismo extremo se manifiesta como un rito de sacrificio de la juventud amenazada, esa muerte de los adolescentes que ha producido algunos de los pasajes más más elevados de toda la literatura y el teatro musical.

Lampedusa disfrutaba leyendo esas obras, su material consumido le parecía redimido por los ángeles. Los dos pasajes de Lope de Vega, al igual que otros de Shakespeare, Goethe y Thomas Mann, se encontraban entre las pruebas que demostraban su teoría sobre los ángeles literarios. Ése era el eje de su comentario al *Adonais* de Keats: la aparición de seres extraordinarios, de vida muy breve, nacidos y desaparecidos, que dejan tras de sí una terrible explosión emocional.

También leímos algo de Tirso de Molina. Su teatro se incluiría en la escasa y aparentemente heterogénea biblioteca del protagonista de *La sirena*, el profesor La Ciura, junto con *Undine*, de La Motte Fouqué, el drama homónimo de Giraudoux y las obras de H. G. Wells. Todos esos títulos y otros diseminados en el relato—Andersen, Forster, los sonetos de Shakespeare—se refieren al mismo fenómeno, las sirenas y espíritus del agua, que el propio Tirso trató en su obra *El pretendiente al revés*. Aun así, la obra que más llamó la atención a Lampedusa fue *El burlador de Sevilla*, en la que creyó reconocer al padre de todos los donjuanes: la antítesis, por cierto, del viejo senador de *La sirena*, el hombre que renuncia al amor porque ya nada puede compararse con lo que ha vivido previamente.

Estaba a punto de aburrirse con Tirso cuando su lado oscuro en su visión de la naturaleza humana se vio estimulado por *La Celestina*, de Fernando de Rojas. Mi madre tenía una hermosa edición ilustrada, de bibliófilo, en dos volúmenes, publicada en Vigo en 1899-1900 y encuadernada en pergamino. En ella encontró el gran tema de la naturaleza humana sometida sobre todo a la ley del beneficio personal, del egoísmo y del abuso. Como afirma Menéndez y Pelayo, editor de la edición, *La Celestina: comedia o tragicomedia de Calisto y Melibea* fue también la obra maestra de lo que el filólogo define como el realismo español, esa corriente literaria de los pícaros a la que Lampedusa se dedicará con el mismo deleite que a la obra elegiaca.

Admiró su escritura diáfana, casi al estilo de Montaigne, como solía decir, y disfrutó de las explícitas descripciones de las relaciones carnales, sin ahorrar las vulgaridades, y del virtuosismo con que se enumera el conjunto de simples brebajes con los que la hechicera ejercía su honorable profesión, acompañándola de la de alcahueta. Consideró especialmente jugoso el vocablo *ramera*, «como si las putas, en italiano, se llamaran *cazzaiole*, ¡es una lengua magnífica!», dijo Giuseppe riendo. Fue entonces cuando comenzó su inmersión en el mundo de los desamparados y descubrió a Quevedo.

Primero leímos *El lazarillo de Tormes* y pasamos de inmediato a *El Buscón*. Le pareció una obra maestra, sólo superada por la corte de los milagros de las *Novelas ejemplares*. Y, curiosamente, de la corte de los milagros volvimos a Góngora, de quien admiraba *Soledades*, que había leído antes de nuestras sesiones didácticas en una edición bilingüe y que ensalzaba casi tanto como las escenas de montaña de la primera parte de *El Quijote*. Le gustaba leer en voz alta, siempre conmovido, esos versos del cordobés:

Váyanse las noches,
pues ido se han
los ojos que hacían
los míos velar;
váyanse, y no vean
tanta soledad,

después que en mi lecho
sobra la mitad.

Dejadme llorar
orillas del mar.

Se emocionaba con los sentimientos tanto como con las obscenidades. Góngora reapareció en escena a través de los sonetos de Quevedo dedicados al «ojo del culo» de su rival, una salida picante que le divirtió, y profundizó en cada detalle del famoso duelo entre los dos, que se libró sin excluir ningún golpe.

Llegado ese punto, abandonó a Quevedo y se entusiasmó por Góngora. Nada le pareció que personificara más elocuentemente la impotencia trágica del siglo XVII español que el *Panegírico al duque de Lerma*. Una especie de locura apologética de mármol, en cierto sentido afín al mármol mixto siciliano, que tanto admiraba en la iglesia palermitana de Santa Caterina; ese fue su comentario. No en vano, el *Panegírico* se encontraba entre los textos predilectos de Lucio Piccolo, cuya poesía era en cierto modo una especie de reconstrucción del culto gongorino, y de él procedía la noticia de la admiración que Mal-

Giuseppe Tomasi di Lampedusa.

larmé profesó a Góngora, uniendo a otro grande del Siglo de Oro con la huida hacia delante de la poesía moderna.

Por su parte, las torturas que sufrió san Juan de la Cruz en Medina del Campo le conmovieron tanto como el colofón de la «Noche oscura del alma»: «entre las azucenas olvidado». Me acordé de ello cuando regalé una edición de 1774 de *Vida y obras* del místico español a un amigo sacerdote que fue mi maestro de coro en la Academia Filarmónica de Roma y celebró mi segunda boda: el prelado pamplonés Pablo Colino, nombrado por el papa Francisco maestro de capilla emérito de la basílica de San Pedro del Vaticano. Mi hijo Fabrizio lo recuerda, más bien, como el amigo que durante una tórrida semana de julio, hace muchos años, preparó sangría en nuestra casa para más de cien invitados.

Aquellas singulares reuniones-lecciones tuvieron lugar entre 1955 y 1956. En 1956, a menudo interrumpidas por lecturas de *El Gatopardo*, entonces en gestación. Al repasar los diarios de Lampedusa de 1956, se lee:

8 de febrero, miércoles

Fuerte nevada por la mañana.

Salgo a las 8 mientras nieva intensamente. Todos están encerrados en casa y nadie viene de Mazzara.

A las 18.30 viene Gioitto a casa para la lectura de

Lope (1.er acto con escenas del II de *La moza de cántaro*).

Extraordinaria la sutileza de algunas de sus observaciones.

22 de febrero

Por la mañana, tiempo soleado. Por la tarde, despejado y frío. A las 18.30, «the boys». Gioitto me regala el «Lope de Vega». Y leo con él *La moza de cántaro*. Escribo la novela.

17 de marzo

Tiempo nublado pero agradable y cálido. En el Massimo Aridon. Visita de Corrado Fatta al M. A las 16, Orlando, para quien leo mucho Tomasi y poco Werther. A las 19 (con retraso) «the boys», que me traen ella las tragedias de Della Valle, y él una corbata. Mirella tiene clase de Renacimiento; Gioitto querría leer a Góngora conmigo, en cambio sufre lectura de Tomasi. Ambos extraordinariamente cariñosos.

16 de junio, sábado

De Mazzara. Giò con últimas noticias sobre la madre de Mirella.

A las 15.50 sale Licy para Roma. En el último momento Giò viene a saludar. Con él hasta lo de Orlando donde copio el manuscrito.

A las 18.30 viene Giò (*Las famosas asturianas*).

Por la noche, lectura del primer capítulo de *El Gatopardo* a la señora Iliascenko, que no entiende nada.

Entre las lecturas no faltaron, a medida que avanzábamos, las habituales observaciones sobre el provincialismo italiano. Puedo resumirlas en una de sus consideraciones: que el Siglo de Oro había constituido un precedente cultural para las principales literaturas europeas, inglesa, francesa o alemana, y citaba a ese respecto la influencia que el teatro español había tenido sobre el teatro de Grillparzer, mientras que sólo Rusia e Italia se habían mantenido aferradas a la teoría de la leyenda negra, orquestada por los refugiados flamencos en Inglaterra en tiempos de la represión del duque de Alba en Flandes.

Rebatir la idea de una España dominada por la Inquisición y baluarte del oscurantismo le ofrecía también el sutil placer de contradecir las enseñanzas del Liceo Imperial de San Petersburgo, donde había estudiado Licy, y también sus convicciones. Lampedusa amaba profundamente a su esposa, pero también sentía un sutil placer al manifestar con sarcasmo su independencia. La superioridad cultural italiana con respecto a los autócratas rusos era una oportunidad irresistible, uno de los placeres de la vida, y en eso coincidía con los rasgos de autorreferencialidad característicos de los verdaderos artistas. Es decir, su capacidad de adaptar la verdad a la fábula y no al contrario.

En 1957, sus progresos y avidez por la lectura le llevaron a proseguir por cuenta propia el estudio de los clásicos. Se compró la obra completa de Lorca, la segunda edición de Aguilar en 1955, y se burlaba de la introducción: «Ni una palabra sobre su muerte ni sobre la homosexualidad». Había interpretado minuciosamente *Diván del Tamarit* y entre las páginas del volumen se encuentran muchos folios con la traducción de las palabras que desconocía. No hablaba español, y la ampliación de su léxico se basaba tan sólo en el diccionario, como es inevitable cuando se trata de lenguas que no se hablan.

También en otras partes del ejemplar se encuentran esas hojas cuadriculadas con muchos de los términos que no entendía, y su significado al lado. En *Doña Rosita la soltera* se recogen estas palabras:

toser: *tossire*
natillas: *dolce (schiumetta)*
látigo: *frusta*
avejentar: *invecchiare*
cañería: *conduttura*
cairel: *fiocchetto*
antifaz: *maschera*
columpio: *sedia a dondolo*

De *Bodas de sangre* traduce algunas como:

maleza: *mala erba*
chorro: *getto d'acqua*
pandereta: *tamburello*
bribón: *birbone*
azada: *zappa*
hinchar: *conficcare*
cadera: *anca, fianco*
zaguán: *vestibolo*
arrayán: *mirto*
ademán: *gesto*
estrujar: *spremere*
atisbar: *spiare*
cenefa: *frangia*

En *La casa de Bernarda Alba* trata de descifrar, entre otras:

desmayar: *svenire*
garbanzos: *ceci*
corral: *cortile*
gori-gori: *canto funebre*

Pero tal vez es en *Diván del Tamarit* donde se aplica con más esfuerzo, buscando términos como:

membrillo: *mela cotogna*
llamarada: *fiammata*
muslo: *coscia*
alfiler: *spillone*

Junto con *Poeta en Nueva York*, *Diván del Tamarit* era la recopilación que más le gustaba. El enfoque orientalista le parecía de una claridad extrema, diferente pero aún más introspectiva que la de Goethe, a quien tanto apreciaba. Goethe siempre fue un ilustrado, mientras que en Lorca vio una verdadera puerta de entrada a una civilización diferente y desconocida. Sus comentarios siempre estaban relacionados con la vida cotidiana, y de ésta obtenían el humus que los hacía parecer pertinentes. Si no fuera por el *Hündlein* ['perrito'] que sigue a Mahoma en el

«Diccionario» personal de Giuseppe Tomasi di Lampedusa.

Paraíso, el *Diván de Oriente y Occidente* no sería más que un espléndido sepulcro. Y es que, en su opinión, la poesía sólo es realmente sublime cuando está impregnada de cotidianidad, como en Dante, por otra parte.

Luego compró las obras de Pérez Galdós y quedó bastante decepcionado. Consideraba que su técnica narrativa era poco interesante, poco propensa a las insinuaciones. Lo juzgaba como colega. Me dijo, por ejemplo, que en Pérez Galdós el escritor de raza se revelaba de vez en cuando. Cada cierto tiempo se había topado con alguna intuición narratológica interesante, pero diluida, ay, en una banalidad infinita. Y como ejemplo citaba un retrato político de Fernando VII que surge de un comentario sobre las monedas en circulación que llevaban la efigie del soberano sin nombrarlo de forma directa. Como amante de lo implícito y lo tácito, estaba siempre dispuesto a considerar alguna otra variante. Sin embargo, Pérez Galdós fue despachado después de mil páginas: «Básicamente, no es más que un pesado», fueron sus palabras de despedida.

Esta falta de atención hacia el gran narrador del siglo XIX español por parte de un lector que no hacía más que recomendar a sus alumnos la disciplina del aburrimiento puede, en efecto, resultar sorprendente, pero conviene recordar aquí cuánto disfrutaba Lampedusa insertando la narrativa en el contexto *zeitgeschichtlich* de la historia europea. Después de Utrecht, el Imperio español había colapsado y España, que había salido del escenario principal de la historia europea, era para Lampedusa, y no sólo para él, una tierra desconocida. De no haber sido así, la riquísima colección de anécdotas sobre los reinados de Fernando VII y la reina Isabel le habría resultado una fuente de deleite y sin duda lo habría guiado en la lectura del novelista canario.

Para sus estudios de español, me pidió prestado el diccionario de varios volúmenes de la Real Academia. Y en su búsqueda de traductor, le gustaba leer las citas y diversos usos de cada palabra. Un refrán le llamó especialmente la atención y le oí citarlo varias veces en su último año de vida: «A perro viejo no hay tus tus», a veces escrito también: «A perro viejo no hay cus cus».

Se sentía viejo, pero ni siquiera tenía sesenta años, y como cinófilo empedernido, se identificaba con esos perros que han alcanzado la sabiduría y que gruñen para ahuyentar a quienes perturban su tranquilidad.

Los perros, por cierto, fueron compañeros indispensables para Giuseppe, y los trataba como a hijos: desde Crab, el cocker spaniel negro que tomó el nombre del perro de Launce en *Los dos hidalgos de Verona*, de Shakespeare, cuya presencia fue un gran consuelo durante la guerra; hasta Pop, la perrita bastarda que tenía cuando lo conocí, que se parecía al perro pintado por Francis Barraud para el logotipo de «La voz de su amo». Pero la carcasa de Bendicò («casi la clave de la novela», escribe al barón Enrico Merlo di Tavaglia), el perro de la familia disecado y arrojado a la basura al final de *El Gatopardo*, nos habla de una generación de palermitanos, la de Lampedusa, que no quería conservar imágenes de tiempos felices, o, al menos, mejores. Incluso hoy en día, muchos documentos, archivos y fotografías se tiran a la basura.

Eternidad era una palabra que para Lampedusa tenía la connotación de la costumbre. En sus *No-*

tas sobre literatura inglesa cita los relojes, símbolo del tema del tiempo, como si fueran los protagonistas de *Los años*, la obra para él más poética de Virginia Woolf: «*The sound of the hour filled the room; softly, tumultuously, as if it were a flurry of soft sighs hurrying one on top of another, yet concealing something hard*» ['Las campanadas llenaron el dormitorio; suave, tumultuosamente, como si el sonido fuera una bandada de suspiros que se apresurasen a encaramarse unos encima de otros, ocultando, sin embargo, algo duro'].[1]

Y cuando escuchamos el monólogo de la Mariscala en *El caballero de la rosa*, de Strauss, «*Und lass die Uhren, alle, alle stehen*» ['Y que todos los relojes se detengan'], con esa señora de mediana edad que intenta parar los relojes para detener el tiempo, nos damos cuenta de cómo los artistas representan a menudo la incertidumbre de ser mortales. El final de *El Gatopardo* es el silencio: de las voces, de los relojes, del fragor del mar.

La muerte y el olvido, la insignificancia de la existencia humana, encuentran su reflejo en los

[1] Virginia Woolf, *Los años*, trad. Andrés Bosch, Barcelona, Lumen, 2010, edición digital.

ojos velados de la liebre en agonía, herida durante la caza, y en la mirada vacía del perro, en esos cristales con los que el taxidermista sustituye sus ojos inertes.

En enero de 2008 leí una versión reducida de este texto en Sevilla, donde fui invitado por la fundación Tres Culturas. La conversación que siguió durante la cena fue de gran interés, porque mucho de lo que había mencionado de la cultura española no formaba parte del bagaje de conocimientos de un español culto. En particular, el proverbio «A perro viejo no hay tus tus» era completamente desconocido.

Cuando regresé a Palermo, fui a buscar el diccionario y me di cuenta de que se trataba de una venerable obra en seis volúmenes en folio que llevaba el *ex libris* del marqués de Stafford:

Diccionario de la lengua castellana, en que se explica el verdadero sentido de las voces, su naturaleza y calidad, con las phrases o modos de hablar, los proverbios o refranes, dedicado al Rey nuestro señor Don Phelipe V (que Dios guarde) compuesto por la Real Academia Española. En la Imprenta de la Real Academia Española. Por los Herederos de Francisco del Hierro. Año de 1737.

Recorrí el camino que Lampedusa había seguido medio siglo antes. Ciertamente había comenzado por *tus*, palabra desconocida para él y para muchos otros, y de la que un español contemporáneo, como he dicho, no tiene presente el significado. El diccionario era infalible: «TUS: interj. con que se llama a los perros para que vengan», y al final de la entrada: «A perro viejo no hay tus tus. Vease *Perro*». Pasé de inmediato del sexto al tercer volumen, y en la entrada *Perro* se lee: «A perro viejo no hay tus tus. Refrán, que enseña que el hombre experimentado y juicioso es mui dificultoso de engañar. *Lat. Nec capitur laqueo vulpes annosa tenaci. Nec facile est cano te dare verba seni*».

Y como ejemplo extraído de la literatura, el Diccionario recoge el siguiente pasaje de *La Celestina*: «Dexate conmigo de razones, que a perro viejo no hay tus tus». El pasaje citado es, en realidad, un texto que se sitúa en los orígenes del español moderno.

La Celestina se publicó en 1500 en Toledo. El refrán se atribuye a Sempronio, criado de Calisto y cómplice de la embaucadora en la seducción de Melibea. Sempronio utiliza el refrán como un ultimátum a Celestina: «La bolsa o la vida». La vieja alcahueta no cede, no quiere compartir el botín con los criados de Calisto. El suyo es un oficio como cualquier otro, responde, grita pidiendo ayuda y Sempronio la mata. El diablo y los malvados saben mucho y, como los perros viejos, no se andan con remilgos.

El gran adversario de la Crusca y Fanfani cometió el mismo error que él deploraba: fabricarse una lengua alejada del uso. ¿No se resienten acaso el conocimiento, la comunicación, en el sentido artístico? Como había sucedido durante siglos en el estudio de los clásicos, mientras la cultura humanística tuvo vigencia, el enriquecimiento de la experiencia se produjo en un ejercicio sobre materiales abstractos, sobre la construcción personal de un sistema relacional ajeno a la función práctica de la lengua, a saber, la de conectar simplemente toda una serie de nomenclaturas capaces de definir las relaciones existentes en el mundo exterior.

Pero para Lampedusa, la lengua abstracta también podía ser popular; mejor aún, debía ser popular para poder enunciar los sentimientos comunes. Ésa era la limitación de la lengua culta, a la que ciertamente no podía evitar admirar, pero bastaba con que Mahoma se llevara un perrito al paraíso para que el sentido de la vida, de sus límites y de sus placeres, se volviera de repente muy comunicativo. La conclusión del *Diván de Oriente y Occidente* («*Ja das Hündlein gar, das treue, | Darf die Herren hinbegleiten*» ['Feliz, meneando la cola siempre, está con su señor valiente el perrito que con los siete dormidos murió fielmente'] resonaba en él como un apogeo de lo patético. Una consideración del islam que el jeque del terror hizo desaparecer de nuestro horizonte. El hombre estaba impregnado de decadentismo, de un culto a las *petites chambres* en el que se exalta la música de Massenet, pero también la de Debussy en las palabras que Arkel pronuncia ante la muerte de Mélisande: el gorrión desaparece, tiene su tiempo y lo ha agotado, todos los animales tienen su tiempo, incluido el hombre. Mélisande muere debido a que su ciclo se ha agotado, ya no tiene motivo para vivir; era ése otro tópico de lo patético que a Lampedusa tanto le gustaba. Cómo le gustaban los versos de Béroul: «*Tristan mourut pour sa doulour* |

Iseult mourut pour sa langour». ['Tristán murió de dolor | Isolda murió de pesar'].

No sé si había leído el admirable ensayo de Schiller *Sobre poesía ingenua y poesía sentimental*, creo que no, porque la crítica teórica, la estética especulativa no formaban parte de sus intereses principales. Pero en su singularmente erudita *naïveté*, Lampedusa era muy sensible a lo *naïf*, al idilio percibido como el pináculo de la comunicación estética, la lengua de los arquetipos de la que todo desciende. Casi un anticipo de las renuncias minimalistas que recibieron un impulso cercano a lo sagrado en la comunicación artística contemporánea.

Esos cuatro años cerca de Lampedusa dejaron una huella imborrable en mí. De él aprendí un arte de la pedagogía en el que tienen gran importancia las conexiones entre distintas experiencias. Hay que estimular al alumno hacia una metodología de investigación, ante todo, formativa, y Lampedusa lo hacía partiendo del precepto clásico de Cicerón: *probare, delectare, flectere*. El *probare*, dada nuestra ignorancia, también podía ir hacia la *inventio* y la hipérbole. En el *delectare* era un genio, tanto que la presunción con la que el escritor se presenta en *El manuscrito del príncipe*, una película de Roberto Andò, me deja perplejo, mientras que me deleito con la delicia aún viva de su espíritu, tan cáustico como cortés. El *flectere*, por otra parte, se puede decir que estaba implícito en el *delectare*. Después del placer, la plaza de armas estaba conquistada. La didáctica era infalible y las fortalezas caerían una tras otra, como explica Vauban en su *Mémoire, pour servir d'instruction dans la conduite des sièges*. El alumno debe, en primer lugar, conocer y dominar un repertorio. Estar familiarizado con un contexto de obras de arte, lecturas, música, experiencias teatrales, conocimientos históricos, filosóficos y ensayísticos que le permitan elaborar su propia epistemología personal.

Ciertamente, el flujo de la vida puede parecer fuera de control, pero la obtención de algún control, la conciencia del límite se traduce en disfrute del conocimiento. Lampedusa encontró y practicó un conocimiento de la liberación. Y a eso dedicó sus últimos años, con la ansiedad de transmitirlo a otros. Esa utopía de cabalgar por la vida, incluso sin la pretensión de poder gobernarla, era para él un signo de identidad: había hecho todo lo que el hombre puede hacer.

Éstas y otras muchas cosas tuvieron su origen hace casi setenta años en una ciudad siciliana de provincias, en una ciudad destruida, en el seno de una comunidad traumatizada y aislada de los grandes centros, de los talleres donde se establecen los intereses y las modas de la época. Pero Palermo no era, como España durante su sopor franquista, una casa de muertos. Giuseppe Lampedusa o Lucio Piccolo pertenecían a la categoría de los *amateurs*, es decir, los diletantes, pero también a la de los sabios apartados; eran el humus de un mundo civilizado. Todas esas pésimas sociedades meridionales tenían, y siempre tendrán, alguna Perséfone que regresa a la tierra y recorre los caminos de la sabiduría.

Como los auténticos grandes escritores meridionales, Lampedusa construyó, a lo largo de una prolongada y solitaria investigación, una elaborada metodología comunicativa que, a medida que se publican los materiales que han sobrevivido, revela los rasgos de un escritor extremadamente responsable, dedicado al análisis de la eficacia narrativa en los escritos de otros, con la intención de volcar esas experiencias en los suyos. El talento es evidente, pero en la base del talento hay un cuidadoso análisis de la técnica narrativa de sus antecedentes, los escritores de ayer y los que vendrán. Como escribió Mondrian: «Ningún pintor pinta un árbol porque haya visto un árbol, sino porque ha visto cómo pintan los árboles otros pintores».

Palermo, 11 de febrero de 2022

EPÍLOGO

UNA AVENTURA FASCINANTE

de ALEJANDRO LUQUE

Conocí a Gioacchino Lanza y a su esposa Nicoletta en enero de 2008 en Sevilla. Nos habían invitado a participar en una conferencia sobre Sicilia en la fundación Tres Culturas. La pareja, que dominaba el tema mucho más que el resto de los participantes, fue extremadamente cordial con todos, y en la cena posterior al evento ambos se mostraron afables, radiantes y con un elegante sentido del humor. Antes de despedirnos, me pidieron que los visitara cuando regresara a la isla, cosa que hacía con relativa frecuencia. Por supuesto, los llamé en cuanto pude y, desde entonces, la visita al palacio de via Butera se convirtió en una parada obligatoria en mis visitas a Palermo.

Gioacchino no sólo lo sabía todo sobre Lampedusa, el gran escritor que lo había adoptado y nombrado su legatario, sino que era también único a la hora de contar relatos familiares con múltiples giros y digresiones, retomando siempre el hilo y cerrando magistralmente sus anécdotas. Era un gran placer escucharlo hablar del autor de *El Gatopardo*, de los primos Piccolo o de cualquier otro personaje de aquellos entornos, no como clásicos de la literatura, sino como seres de carne y hueso, vivos en la memoria de quienes disfrutaron de su compañía y de su profundo afecto recíproco.

El primer borrador de este libro fue precisamente el discurso que pronunció en Sevilla sobre Tomasi di Lampedusa y España la noche en que nos conocimos.

Para llevar a cabo su proyecto, me pidió ayuda como amigo, español y amante de Sicilia. No hace falta decir que fue un regalo de la vida poder disfrutar de varias estancias en la via Butera a lo largo de dos años. Siempre asistidos por Nicoletta y Asia, la muy eficiente secretaria de la familia, compartimos muchas horas de conversación, releyendo las obras de Lampedusa, investigando en la biblioteca histórica del escritor y recopilando datos, hasta el punto de buscar en sus viejos armarios discos españoles para ponerlos en el tocadiscos y cantarlos juntos.

Durante nuestras conversaciones, me di cuenta de que el libro que estaba cobrando forma no era sólo una obra que podía arrojar una nueva luz sobre la comprensión de la vida y la obra del maestro siciliano, sino también una revelación que, entre otras cosas, sólo Gioacchino podía ofrecer, al ser el único testigo vivo de aquella aventura fascinante: el acercamiento de Lampedusa a la lengua y la literatura españolas. *Lampedusa y España* fue también para Gioacchino el libro de su vida, un cautivador retrato familiar y un recuerdo personal imborrable. El rastro de unas personas que, a pesar de las dificultades que vivieron, hicieron de sus vidas una obra de arte, y a las que este libro, engañosamente breve, trata de preservar del olvido.

Sancti Petri, marzo de 2024

ESTA EDICIÓN, PRIMERA, DE «LAMPEDUSA
Y ESPAÑA», DE GIOACCHINO LANZA TOMASI,
SE TERMINÓ DE IMPRIMIR EN
CAPELLADES EN EL MES
DE OCTUBRE
DEL AÑO
2025